**CACHORRO MORTO
NA LAVANDERIA:
OS FORTES**

CACHORRO MORTO NA LAVANDERIA: OS FORTES

Angélica Liddell

Tradução Beatriz Sayad

A Acción Cultural Española - AC/E é uma entidade estatal cuja missão é difundir e divulgar a cultura espanhola, seus acontecimentos e protagonistas, dentro e fora de nossas fronteiras. No Programa de Intercâmbio Cultural Brasil-Espanha, essa missão se concretiza graças ao apoio do TEMPO_FESTIVAL, do Rio de Janeiro, que convidou a Editora Cobogó para fazer a edição em português de dez textos fundamentais do teatro contemporâneo espanhol, e contou com a colaboração de quatro dos festivais internacionais de teatro de maior prestígio no Brasil. Estão envolvidos no projeto: Cena Contemporânea – Festival Internacional de Teatro de Brasília; Porto Alegre em Cena – Festival Internacional de Artes Cênicas; Festival Internacional de Artes Cênicas da Bahia – FIAC; Janeiro de Grandes Espetáculos – Festival Internacional de Artes Cênicas de Pernambuco; além do TEMPO_FESTIVAL, Festival Internacional de Artes Cênicas do Rio de Janeiro.

    Cada festival colaborou indicando diferentes artistas de teatro brasileiros para traduzir as obras do espanhol para o português e organizando residências para os artistas, tradutores e autores que farão em seguida as leituras dramatizadas para o público dos festivais.

Para a seleção de textos e de autores, estabelecemos uma série de critérios: que fossem peças escritas neste século XXI, de autores vivos ganhadores de pelo menos um prêmio importante de dramaturgia, que as peças pudessem ser levadas aos palcos tanto pelo interesse intrínseco do texto quanto por sua viabilidade econômica, e, por último, que elas girassem em torno de uma temática geral que aproximasse nossos autores de um público com conhecimento escasso da dramaturgia contemporânea espanhola, com especial atenção para os gostos e preferências do público brasileiro.

Um grupo de diretores de teatro foi encarregado pela AC/E de fazer a seleção dos autores e das obras. Assim, Guillermo Heras, Eduardo Vasco, Carme Portaceli, Ernesto Caballero, Juana Escabias e Eduardo Pérez Rasilla escolheram *A paz perpétua*, de Juan Mayorga, *Après moi le déluge (Depois de mim, o dilúvio)*, de Lluïsa Cunillé, *Atra bílis*, de Laila Ripoll, *Cachorro morto na lavanderia: os fortes*, de Angélica Liddell, *Cliff (Precipício)*, de Alberto Conejero, *Dentro da terra*, de Paco Bezerra, *Münchausen*, de Lucía Vilanova, *NN12*, de Gracia Morales, *O princípio de Arquimedes*, de Josep Maria Miró i Coromina e *Os corpos perdidos*, de José Manuel Mora. A seleção dos textos não foi fácil, dada a riqueza e a qualidade da produção recente espanhola.

A AC/E felicita a Editora Cobogó, os festivais, os autores e os tradutores pela aposta neste projeto, que tem a maior importância pela difusão que possibilita do teatro contemporâneo espanhol. Gostaríamos de agradecer especialmente a Márcia Dias, diretora do TEMPO_FESTIVAL, por sua estreita colaboração com a nossa entidade e com o projeto.

Teresa Lizaranzu
Acción Cultural Española - AC/E
Presidente

Sumário

Sobre a tradução brasileira 11

CACHORRO MORTO NA LAVANDERIA: OS FORTES 17
1. Ato de coprolalia.
Justificativa de uma filha da puta 21
2. O sobrinho de Rameau.
Exercícios de ideias 22
Primeira parte: O medo 28
Guantánamo 41
A cena do balanço 51
Segunda parte: A consciência 55
Escrito um dia antes de começarem os ensaios
de Cachorro morto, 12 de agosto de 2007 71
Terceira parte: Elogio do concreto 72
Uma mulher muçulmana dá uma aula sobre a Europa 81
Final 85
Assinatura 90
Nota final 91

Por que publicar dramaturgia 93

Dramaturgia espanhola no Brasil 95

Sobre a tradução brasileira

O convite para traduzir *Perro muerto en tintorería: los fuertes* chegou quando eu estava no México, poucos dias depois do meu aniversário. Chegou por duas vias: uma mensagem da Dani Barros, minha companheira de estrada e incentivadora incondicional, anunciando a possibilidade, e outra do Fernando Zugno oficializando o convite. Não pensei duas vezes. Uma honra! Quero! Já havia visto dois espetáculos de Angélica Liddell e folheei várias vezes seus textos editados nas livrarias e nos teatros sem nunca imaginar que um dia caberia a mim traduzi-la, buscar a justa tonalidade da sua fala entre o blasfemo e o filosófico, repleta de palavras-tiros, cuspidas, vomitadas, cheias de ódio e de poesia, de amor e ironia, palavras roucas...

Traduzir *Perro muerto* é, antes de tudo, compreender o universo de Angélica, seu teatro, o lugar que ocupa na cena contemporânea e a viva necessidade de ocupar esse lugar sem deixar de questioná-lo. Como um bufão, Angélica beija a mão de seus soberanos para em seguida escarrar no chão por onde passam.

O encontro com seu texto é também um encontro com sua dicção, com sua forma de atuar. A repetição de palavras e de frases e seu ritmo acelerado revelam seu modo verborrágico, visceral, seu domínio absoluto da fala, sua fluência e rapidez de pensamento, sua língua solta, afiada, abusada, incontida.

Perro muerto, diferente dos espetáculos que vi nos quais era Angélica a única presença em cena que falava, apresenta sete personagens. Os diálogos ora são compostos por frases longas, citações filosóficas, verdadeiros embates de ideias, ora por frases curtas, por vezes aparentemente desconexas, marcadas por um ritmo *beckettiano*. Aliás, não só o ritmo, mas a própria atmosfera de algumas conversas entre Otávio e Getsêmani, ou Lazar e Otávio, me fez pensar em Beckett. O diálogo abaixo poderia ter sido extraído de *Esperando Godot* — há um metrônomo *beckettiano* por trás desta composição:

OTÁVIO: É ruim ser um homem?

GETSÊMANI: É o que há de pior.

OTÁVIO: Mas nunca vamos ter filhos.

GETSÊMANI: Nunca.

OTÁVIO: Ficaremos sozinhos.

GETSÊMANI: Não precisamos de ninguém.

OTÁVIO: Ninguém nos ama.

GETSÊMANI: Ninguém.

OTÁVIO: E quem vai cuidar da gente?

GETSÊMANI: Um ao outro.

OTÁVIO: E se não soubermos nos cuidar?

GETSÊMANI: Morreremos.

OTÁVIO: E nos encontrarão mortos?

GETSÊMANI: Ninguém vai nos encontrar.

OTÁVIO: Conosco se acaba tudo.

GETSÊMANI: Tudo.

OTÁVIO: Todos mortos.

GETSÊMANI: Todos mortos.

OTÁVIO: Nos vencerão.

GETSÊMANI: Assim deve ser.

OTÁVIO: Não me deixe nunca.

GETSÊMANI: Não.

OTÁVIO: Não morra antes de mim.

GETSÊMANI: Morreremos juntos.

OTÁVIO: Juntos!

GETSÊMANI: Sim, juntos.

OTÁVIO: E se você morrer antes? Que vou fazer com você? Não saberei o que fazer.

GETSÊMANI: Nós morreremos juntos.

OTÁVIO: Nós morreremos juntos...

Algumas de suas frases ou expressões paralisavam o ritmo da tradução, por trazerem em si todo um universo, não necessariamente pela sua complexidade, mas pela sua peculiaridade. "Basura blanda", "floración de la carne de una mano", "se la mata maravillandola", "amar el cuerpo de una mujer desbarata cualquier explicación", "me pasé una mano por la nuca", "en Europa no existen los planes de fracaso para ser distinto al resto", "será la hierba lo mas indestructíble?", "La electricidad del quirófano es amor, los antibióticos son amor, las jeringuillas y las bolsas de suero son amor, tus brazos atareados alrededor de las vendas...", "Basta ya, maldita sea, déjanos ser cuchillos de untar mantequilla y ver pasar las moscas". Quanto mistério por trás dessas palavras conhecidas para nós, mas que assim distribuídas parecem querer revelar outros sentidos...

Agradeço a Estamira, cuja irmandade com Angélica na sua potência poética, no seu tom injuriado e no seu ritmo desconcertante me ajudou a escutar, a materializar o texto de *Perro muerto*; à Violeta Gil, minha amiga e atriz espanhola que participou da montagem e se dispôs a esclarecer algumas dúvidas e curiosidades; e a Andrea Caruso, que me apresentou o trabalho de Angélica e revelou para mim seu encanto em longas conversas depois de assistir aos seus espetáculos.

Beatriz Sayad
Tradutora

CACHORRO MORTO NA LAVANDERIA: OS FORTES

Angélica Liddell

Tradução Beatriz Sayad

Todo jogo inclui a ideia da morte.
> – JIM MORRISON, *Senhores e novas criaturas*

1. Ato de coprolalia.
Justificativa de uma filha da puta

O CACHORRO:
  Sou um puto ressentido e um puto inadaptado.
  Sou um puto ator que faz papel de cachorro
  por uma puta vez na sua puta vida,
  depois das baratas,
  em um Teatro Nacional
  porque um cachorro ganha mais do que um puto ator.
  Isso disseram no Teatro Nacional.
  Um cachorro ganha mais do que um ator.
  Porque um cachorro ganha mais do que um puto ator.
  Porque um cachorro ganha mais, mais do que um puto
     ator.
  Um cachorro ganha mais do que um puto ator.
  Sim, um cachorro ganha mais do que um puto ator.
  Mais, mais, mais,
  mais do que um puto ator.
  Um ator de merda, um puto ator.
  Não as putas divas da interpretação, mas um puto ator.
  E a diretora filha da puta
  decidiu substituir o cachorro real por um puto ator.
  E depois decidiu interpretar ela mesma o puto ator que
     faz papel de puto cachorro
  porque ela mesma é o puto cachorro filho da grande puta,
  depois das baratas.

E nenhum puto ator de merda
que não seja a diretora filha da puta
pode dizer estas frases com mais ódio,
com mais asco
e mais dor
em um Teatro Nacional.
Estas frases correspondem unicamente à diretora filha
   da puta,
rainha da África dos putos atores de merda,
e mal representada pelos putos atores de merda,
enquanto receber um salário de um Teatro Nacional.
Foda-se! Que se contradiga!!
E digo eu,
já era hora
de alguém trabalhar com ódio pelo teatro
e asco pelo teatro
e dor pelo teatro
em um puto Teatro Nacional.
Quando me chutam no campo
Meto um gol só pra foder.
Meto gols só para foder.
Depois das baratas
faço teatro só para foder.
Filha da puta eu, filhos da puta todos!

2. O sobrinho de Rameau.
Exercício de ideias

Sou a melhor medida
para julgar as fraquezas de um sistema.
Meço com meu ressentimento
o grau de covardia de um sistema.
Sou um louco profissional.

O teatro é uma batalha entre dois mentirosos:
o hipócrita e o puto ator.
O puto ator pode se desprender da sua máscara.
O hipócrita, quer dizer, o público, não.
O público é hipócrita,
o público é a cultura.
A cultura é hipócrita.
E eu sou encarregado de lutar contra a cultura.
A arte deve lutar contra a cultura.
Minha raiva, meu rancor, meu mal-estar
devem lutar contra a cultura.
Pratico humanismo,
porque o humanismo consiste em se rebelar
contra tudo aquilo que lesa o homem,
e que um cachorro ganhe mais do que um puto ator
lesa seriamente o homem.
Interpreto um cachorro faminto e marginal
porque não existe maior crítica do que a fome.
Posto que sou um puto ator que faz papel de cachorro e
    não um cachorro,
dependo do poder.
Depender do poder me obriga a questionar o poder.
Essa é minha dupla natureza.
Possuo dois estômagos:
um para o pão e outro para os amos.
Combino a submissão com o orgulho,
e sempre corro o risco de ser expulso.
Também corro o risco de ser admitido.
Se me expulsam, passo fome.
Se sou admitido,
me encontro exposto ao desprezo, à humilhação e ao
    escárnio.
Não confio. Não confio.
Não suporto enfrentar uma profissão
marcada em partes iguais pelo envaidecimento e a
    imbecilidade.

A humildade e a vaidade me causam o mesmo asco.
Não confio. Não confio.
Nos carrapatos, nas sanguessugas, nos répteis,
não confio, não confio.
Só admito os fracos sem teatro,
os perdedores sem teatro,
os enfermos sem teatro
e os derrotados sem teatro.
O risco que corre o espectador diante do puto ator
é que o puto ator diga a verdade em voz alta demais
e morda.
Com a lincença de Combeferre,
vamos começar a trabalhar.

COMBEFERRE: [*ao Cachorro. O Cachorro traz um envelope na boca*] Quem é você? O que é isso? [*O Cachorro escreveu "Socorro, estou em perigo"*] "Socorro, estou em perigo." Foi você quem escreveu?

O CACHORRO: Sim.

COMBEFERRE: Quem é você? É o sobrinho? É o sobrinho de Rameau? Você se chama Rameau?

O CACHORRO: Sim.

COMBEFERRE: Onde está Diderot?

O CACHORRO: Aos pés deste teatro onde nunca entra. E é negro. E mulher. E pobre.

COMBEFERRE: Procure, procure, procure… procure Diderot.

O CACHORRO: Agora escutaremos a peça para cravo do *Concerto nº1* do meu tio Jean-Philippe Rameau. "La Livri". Sua duração é de dois minutos. Nós vamos escutá-la inteira e em silêncio, Combeferre e eu. Se prestarmos atenção à peça, seremos capazes de entender a superioridade de nosso sistema, ou seja, seremos capazes de entender a política exterior dos Estados Unidos, ou seja, seremos capazes de entender nossa infinita habilidade para converter em tópico e em obviedade o que deveria ser um escândalo ininterrupto, ou seja, seremos capazes de entender nossa infinita habilidade para relativizar o sofrimento humano, ou seja, seremos capazes de entender por que Diderot escreveu na clandestinidade, ou seja, seremos capazes de entender por que um cachorro ganha mais que um puto ator. Se não dissesse tudo isso, deveria me calar como uma boneca. Se não dissesse tudo isso, deveria me calar como uma boneca. E explodir. [*silêncio*] Entendem? [*silêncio*] Agora vamos escutar com atenção a música do meu tio, Jean-Philippe Rameau. São dois minutos. E, como disse Beckett, o ânus é o final da boca, e também disse quem puder entender que entenda.

Toca Rameau.

COMBEFERRE:
Vocês assinaram ao pé da letra,
exatamente ao pé da letra!
Vocês participaram,
sim, senhor,
vocês participaram!
Vocês assinaram ao pé da letra *O contrato*,
O contrato,
vocês assinaram um contrato que diz,

diz muito claramente,
talvez com excessiva clareza,
diz Rousseau
"a conservação do Estado é INCOMPATÍVEL com a conservação do inimigo, é preciso que um dos dois pereça, e quando matamos o culpado é menos como cidadão do que como inimigo",
e vocês o assinaram,
assinaram amplamente,
O contrato, de Rousseau,
e não foi só uma vez,
O contrato,
graças ao Contrato vocês invadiram países,
fizeram saltar pelos ares ilhas inteiras,
aniquilaram,
sim, senhor,
aniquilaram,
simplesmente aniquilaram o inimigo,
e não foi só uma vez,
Uniram a justiça à vingança
para aniquilar o inimigo.

Cartazes

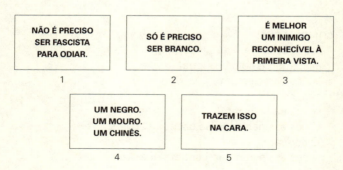

1. NÃO É PRECISO SER FASCISTA PARA ODIAR.
2. SÓ É PRECISO SER BRANCO.
3. É MELHOR UM INIMIGO RECONHECÍVEL À PRIMEIRA VISTA.
4. UM NEGRO. UM MOURO. UM CHINÊS.
5. TRAZEM ISSO NA CARA.

COMBEFERRE:
E agora?
Agora que vocês vivem completamente seguros,
agora que os liberaram de todos os inimigos,
por fim, de todos os inimigos,
agora,
não sabem como administrar sua fraqueza,
sua avidez de sofrimento,
sua culpa,
seus desejos,
sua ruindade
e seus insultos.
A questão é, depois da matança,
que faz o homem para continuar demonstrando,
demonstrando a si mesmo,
que continua sendo um homem?

Demonstrações

1. Ataque de histeria. Hospital da Salpêtrière.
2. Carreira. Tanto no esporte quanto na guerra o treinamento é indispensável. O atleta é um soldado e o soldado, um atleta. Ambos são fortes. O atleta treina para suportar a força do soldado. O soldado treina para aniquilar a força do atleta.
3. Estupro. O quadro de Fragonard acaba em estupro. Vamos terminar o quadro de Fragonard com um estupro.
4. Sonho. Um sonho de dez segundos.
5. História da Europa.

Primeira parte – O medo

Lavanderia

LAZAR: Por que você matou o cachorro?

OTÁVIO: Me deu medo.

LAZAR: Ele atacou você?

OTÁVIO: Não.

LAZAR: Então?

OTÁVIO: Estava com medo e o matei.

LAZAR: Você teve medo do cachorro?

OTÁVIO: Não sei.

LAZAR: Não precisava matá-lo assim.

OTÁVIO: Os mecanismos dão medo.

LAZAR: Mas o medo é Incompatível. Incompatível com o Estado. Incompatível com a Segurança.

OTÁVIO: Você não lê os jornais?

LAZAR: De onde saiu tanto sangue?

OTÁVIO: As pessoas morrem aos montes nas estradas.

LAZAR: Parece um homem.

OTÁVIO: Neste domingo, cinquenta mortos.

LAZAR: Com tanto sangue, o cachorro parece um homem.

OTÁVIO: Deslocando-se, morrem deslocando-se.

LAZAR: Com tanto sangue, o cachorro parece um homem.

OTÁVIO: Deslocando-se, morrem deslocando-se.

LAZAR: Com tanto sangue, o cachorro parece um homem.

OTÁVIO: Deslocando-se, morrem deslocando-se.

COMBEFERRE:
Morrer na estrada
é o preço da liberdade,
o preço da revolução tecnológica.
Toneladas de metal, vidro e carne
deslocando-se a grandes velocidades.
Uma guilhotina moderna.
Graças ao tráfego
as classes populares
já têm seu banho democrático de sangue
em nome da liberdade.
É o preço sangrento, entendem?
Só neste país,
três mil mortos por ano.
É o preço sangrento
da revolução tecnológica.
Férias e sangue.
Praia e sangue.
Montanha e sangue.
Um carro te deixa mais livre.
De maneira que o sangue
volte a contribuir
com a consolidação da superioridade
do nosso magnífico sistema.
Além de tudo isso,
os pneus
são compostos de enxofre.
Quatro milhões de toneladas na Europa,
só na Europa,
expelindo enxofre,
o inferno sobe.

OTÁVIO: Os mortos superam os vivos.

LAZAR: Eles são mais.

OTÁVIO: A vitória nunca seria nossa.

LAZAR: Que vitória?

OTÁVIO: Todos estão mortos, todos.

LAZAR: Você vai ficar louco na lavanderia.

OTÁVIO: Os inocentes e os culpados.

LAZAR: Estes vestidos de noiva...

OTÁVIO: Como podem sujá-los tanto num só dia?

LAZAR: Tão grandes, tão brancos...

OTÁVIO: Só sabem sujar.

LAZAR: Pendurados no teto...

OTÁVIO: Não entendem que sou eu quem limpa?

LAZAR: Você bateu tão forte no cachorro que respingou até ali.

OTÁVIO: Quem limpa sou eu!

LAZAR: Vai ter que limpar este outra vez.

OTÁVIO: Cuspindo na mancha.

LAZAR: Mais forte, mais forte, mais carga, mais trabalho!

OTÁVIO: Assim se limpa.

LAZAR: Por que você ainda mantém isso escrito em árabe?

OTÁVIO: Cuspindo na mancha...

LAZAR: Lavanderia escrito em árabe.

OTÁVIO: Cospe, cospe!

LAZAR: Quem diabos vai ler isso em árabe?

OTÁVIO: Como você sabe que matamos todos?

LAZAR: A Segurança é Incompatível com essa pergunta.

OTÁVIO: É por culpa do cachorro.

LAZAR: Quantas vezes você trepa com os vestidos?

OTÁVIO: O que a gente faz com o cachorro?

LAZAR: Quantas vezes?

OTÁVIO: O que a gente faz com o cachorro?

LAZAR: Quantas vezes você os mancha e os devolve manchados?

OTÁVIO: O que a gente faz com o cachorro?

LAZAR: Você já provou com os vestidos de comunhão?

OTÁVIO: Me ajuda a limpar!

LAZAR: Foi para isso que você me chamou?

OTÁVIO: Eu estava com medo!

LAZAR: De quem era o cachorro?

OTÁVIO: Não sei.

LAZAR: E o que ele fez?

OTÁVIO: Entrou...

LAZAR: Entrou...

OTÁVIO: ...se sentou ali...

LAZAR: Continua!

OTÁVIO: ...e depois se prostrou e ficou me olhando.

LAZAR: E só por isso você o matou?

OTÁVIO: Era só um cachorro!

LAZAR: Se era só um cachorro, tivesse deixado que ele partisse!

OTÁVIO: Você também tem medo!

LAZAR: Eu sou forte!

OTÁVIO: Desde quando você tem medo?

LAZAR: [*solta um grito*]

OTÁVIO: O quê? O quê?

LAZAR: [*tremendo, esgotado*] Abandonei o museu. Não podia continuar trabalhando. Deixei de vigiar.

OTÁVIO: Logo agora, agora que começa tudo, deixar de vigiar?

LAZAR: Foi um tremor... Primeiro essa mão, assim, depois a outra mão, assim, vê? "Floração da carne de uma mão", conhece essas palavras? Quando tremi, pensei "floração da carne de uma mão", depois caí no chão, diante deles, e comecei a tremer de novo, assim...

OTÁVIO: Por quê?

LAZAR: Pensei que iam rasgar o Fra Angelico...

OTÁVIO: E não o fizeram.

LAZAR: Pensei que iam rasgar o Fra Angelico...

OTÁVIO: E não o fizeram.

LAZAR: "Amar o corpo de uma mulher desbarata qualquer explicação."

OTÁVIO: E o cachorro? Não me deixe sozinho com o cachorro. Volte! Não me deixe sozinho com o cachorro!

Colégio

HADEWIJCH: Fora, fora, fora... Fora do colégio.

LAZAR: Te amo, te amo, te amo...

HADEWIJCH: As crianças, as crianças.

LAZAR: As crianças têm que saber tudo. Têm que aprender tudo. [*grita para as crianças*] Amar o corpo de uma mulher desbarata qualquer explicação! Amar o corpo de um homem desbarata qualquer explicação!

HADEWIJCH: Vou chorar, vou chorar, vou chorar...

LAZAR: Fora! Acabou a aula! Um poeta americano fez a professora chorar. A professora está chorando! Fora! Fora! Fora!

HADEWIJCH: Que vergonha, que vergonha.

LAZAR: E eu te amo, te amo, te amo...

HADEWIJCH: Tenho que continuar a aula.

LAZAR: O que você está ensinando?

HADEWIJCH: O modelo romano.

LAZAR: Escutem, crianças, escutem...! República, mas conquista. República, mas invasão. Democracia e guerra. O que nos fez fortes. Fortes e seguros.

HADEWIJCH: As crianças, as crianças...

LAZAR: Se as nações negociam, por que eu e você não podemos negociar?

HADEWIJCH: As crianças estão rindo.

LAZAR: Fora! É proibido rir da professora. A professora é a civilização! Fora, fora, fora!

HADEWIJCH: Que vergonha! Que vergonha!

LAZAR: Você não é muito alta. Não é muito bonita. Não tem olhos verdes. Nem sequer um cabelo bonito. Ninguém vai te amar como eu. Um vigia de Fra Angelico, um vigia de Botticelli, um vigia de Rafael, um vigia do próprio Renascimento... Ninguém vai amar a civilização como eu!

HADEWIJCH: Nem pense em assustar as crianças.

LAZAR: Ninguém vai amar a civilização como eu.

HADEWIJCH: Nem pense em assustar as crianças.

LAZAR: Ninguém vai amar a civilização como eu.

HADEWIJCH: Nem pense em assustar as crianças.

LAZAR: Ninguém vai amar a civilização como eu.

HADEWIJCH: Que vergonha! Que vergonha!

LAZAR: Você precisará se defender.

HADEWIJCH: Defender-me de você?

LAZAR: Civilização mais defesa é igual a barbárie!

HADEWIJCH: É proibido falar assim!

LAZAR: Se você se defende, comete crimes de guerra contra mim.

HADEWIJCH: Vou chorar, vou chorar, vou chorar...

LAZAR: [*as crianças*] Fora! A civilização vai voltar a chorar! Fora, fora, fora!

HADEWIJCH: E se eu chamar o vigia?

LAZAR: Eu não vi, não vi o vigia! E se ele já não vigia? O que será da Justiça se ninguém vigia? O que será do Renascimento se ninguém vigia? Abandonei o museu. Faz dois dias que ninguém vigia o Renascimento.

HADEWIJCH: E se eu gritar?

LAZAR: Atenção, crianças, escutem-me todos. Vocês veem? Esta é a pistola com a qual se vigiava o Renascimento. "Fascinante, é possível matá-la maravilhando-a". Seria preciso ser um especialista em poesia francesa, escutem bem, em poesia francesa, para poder usar a pistola com que se vigiava o Renascimento!

HADEWIJCH: E se eu me jogar no chão?

LAZAR: Se estamos tão seguros, por que vigiamos tanto?

HADEWIJCH: Vão te perseguir.

LAZAR: Não perseguem as vítimas.

HADEWIJCH: O que as crianças vão pensar?

LAZAR: Depende de Sócrates. Você já lhes falou de Sócrates? Já confiam no poder da razão?

HADEWIJCH: Vão me expulsar do colégio.

LAZAR: E se eu te matar? E se eu cortar você em pedaços como se fosse um cachorro?

HADEWIJCH: As crianças, as crianças, as crianças...

LAZAR: Significam a mesma coisa "vigiar" e "defender"?

HADEWIJCH: Você me dá medo.

LAZAR: Não diga que eu te dou medo!

HADEWIJCH: [*tem ataque de tosse e cai no chão*] Você me dá medo.

LAZAR: Vocês não escutaram nada, não escutaram nada! A civilização não disse nada! Todos para casa! Fora! Temos que evitar o contágio! Temos que evitar o contágio! Para casa! Não voltem ao colégio! Não há explicação! Desbarata qualquer explicação! É inútil voltar! Desbaratar! Fora! Não há explicação! Amar os corpos, amar este corpo... Não há explicação! "Fascinante, é possível matá-la maravilhando-a." A professora, a civilização, a professora, a civilização, a professora, a professora, a professora está com medo! Corram para suas casas! A civilização está com medo! A professora está com medo!

Lavanderia

GETSÊMANI: [*recitando de cor, como se estivesse aprendendo um papel*] Por trás. Por trás. Assim que eu gosto, meu bem. Na boca. Te excita? Te excita minha dor de dente, meu bem? Goza na minha boca, eu engulo, juro. Me fode, me fode, me fode...

OTÁVIO: Você já está pronta?

GETSÊMANI: É preciso descer além de um certo nível para que os humilhados pensem que são melhores do que a puta.

OTÁVIO: Não começa hoje.

GETSÊMANI: Te sufoco, te sufoco, ponho as tetas na sua cara e te asfixio, deixa eu fazer, amor, mete sua língua no meu cu, me fode, me fode, me fode...

OTÁVIO: Você não vai ao hospital?

GETSÊMANI: Goza na minha cara, goza na minha cara, na minha cara de virgem, na minha cara linda...

OTÁVIO: Outro dia mataram uma.

GETSÊMANI: Mataram.

OTÁVIO: Uma prostituta como você.

GETSÊMANI: Sim.

OTÁVIO: Pequena.

GETSÊMANI: Como eu.

OTÁVIO: Pode-se estuprar uma prostituta?

GETSÊMANI: Ela foi estuprada.

OTÁVIO: E depois?

GETSÊMANI: Depois a queimaram viva.

OTÁVIO: Quantos eram?

GETSÊMANI: Quatro.

OTÁVIO: E todos a estupraram?

GETSÊMANI: Por que você está me perguntando se acabou de ler no jornal, se você sabe a notícia de cor? Por que você está me perguntando? Não vê que tudo é falso?

OTÁVIO: Você acha que inventam todos os crimes?

GETSÊMANI: Por que os crimes existiriam?

OTÁVIO: Você tem certeza absoluta?

GETSÊMANI: Eles inventam.

OTÁVIO: Para que não sintamos falta deles.

GETSÊMANI: Eles inventam para nos comprazer.

OTÁVIO: Para nos satisfazer.

GETSÊMANI: Se não inventassem, o que seria de nossa avidez?

OTÁVIO: Claro, nossa avidez.

GETSÊMANI: Posso gozar na sua cara, meu bem, posso gozar na sua cara, te estrangulo, saco de plástico na cabeça, te amarro, amarro as suas mãos nas costas e enfio os dedos na sua garganta...

OTÁVIO: Mas os acidentes são reais.

GETSÊMANI: Os acidentes, sim, são reais.

OTÁVIO: A estrada está cheia de sangue.

GETSÊMANI: Qualquer um pode sofrer um acidente.

OTÁVIO: Qualquer um pode cortar um dedo fatiando o pão.

GETSÊMANI: Os acidentes podem ser sangrentos.

OTÁVIO: O do cachorro, por exemplo, foi um acidente sangrento.

GETSÊMANI: Um acidente.

OTÁVIO: Por que você me disse que matou o cachorro?

GETSÊMANI: Vou embora.

OTÁVIO: Não começa hoje!

GETSÊMANI: Hoje é o melhor dia.

OTÁVIO: Não me deixa sozinho!

GETSÊMANI: As ruas estão cheias de lixo.

OTÁVIO: Vamos repassar...

GETSÊMANI: Não preciso mais.

OTÁVIO: É preciso sentir...

GETSÊMANI: É preciso sentir asco e pena ao mesmo tempo de um mesmo indivíduo.

OTÁVIO: Seria melhor nos trancarmos aqui dentro.

GETSÊMANI: Unir o asco e a compaixão dá como resultado a culpa.

OTÁVIO: Se nos trancarmos aqui dentro evitaremos os acidentes.

GETSÊMANI: A culpa da puta deve ser prolongada, poderosa, indestrutível. A culpa de todos. A culpa de todos.

OTÁVIO: E se nos trancarmos agora?

GETSÊMANI: Por que você contribuiu então com a minha formação?

OTÁVIO: Dentro resistiremos melhor.

GETSÊMANI: Por que você contribuiu então com a minha formação?

OTÁVIO: Dentro resistiremos melhor.

GETSÊMANI: Por que você contribuiu então com a minha formação?

OTÁVIO: Dentro resistiremos melhor.

GETSÊMANI: Me espetei.

OTÁVIO: Você se furou com a agulha.

GETSÊMANI: Que agulha?

OTÁVIO: A agulha do meu vestido.

GETSÊMANI: Por que você tem uma agulha no vestido?

OTÁVIO: Sempre tenho uma agulha no vestido.

GETSÊMANI: Não vê que eu posso me furar?

OTÁVIO: Eles são destruídos em um só dia...

GETSÊMANI: Você fez de propósito.

OTÁVIO: Eles sujam em um só dia.

GETSÊMANI: Não foi um acidente.

OTÁVIO: Foi um acidente real.

GETSÊMANI: Cheiro de queimado.

OTÁVIO: O vestido!

GETSÊMANI: Tem fumaça na lavanderia!

OTÁVIO: Deixei o ferro em cima do vestido!

GETSÊMANI: Você faz tudo de propósito!

OTÁVIO: O vestido, o vestido, o vestido!

Guantánamo

1. Os poemas secretos dos presos de Guantánamo.
2. Confiscam as poesias que os internos escrevem para aliviar seu cativeiro.
3. O Pentágono considera esses poemas perigosos para a segurança nacional.
4. Escrevem com as unhas em copos de plástico.
5. Quem se atreve a me dar um copo de plástico?

Lavanderia

OTÁVIO: A senhora leu os jornais?

HADEWIJCH: Não.

OTÁVIO: Sabe da menina em chamas?

HADEWIJCH: Não.

OTÁVIO: A saia pegou fogo de repente.

HADEWIJCH: Pegou fogo? Se queimou?

OTÁVIO: Quando parecia que o fogo tinha terminado a menina começou a se incendiar outra vez. De repente. Uma e depois outra. A menina se apagava e se incendiava, se apagava e se incendiava...

HADEWIJCH: Meu vestido também se incendiou de repente?

OTÁVIO: Se tivessem queimado todos os rastros.

HADEWIJCH: Que rastros?

OTÁVIO: A senhora trouxe o vestido sujo.

HADEWIJCH: As coisas sempre chegam um pouco sujas.

OTÁVIO: Quando acontece alguma coisa sempre há rastros, ou seja, sujeira. E seu vestido estava sujo. Muito sujo. Tive que limpá-lo duas vezes.

HADEWIJCH: Um pouco sujo.

OTÁVIO: Agora está limpo.

HADEWIJCH: Mas se queimou.

OTÁVIO: Posso consertá-lo. Um vestido pode ser consertado. Como um osso. Como uma palavra.

HADEWIJCH: Não precisa.

OTÁVIO: Não é urgente.

HADEWIJCH: Não.

OTÁVIO: No final das contas, a senhora já utilizou o vestido, quero dizer, já se casou.

HADEWIJCH: Não.

OTÁVIO: Então lhe emprestaram o vestido.

HADEWIJCH: O vestido é meu.

OTÁVIO: Está velho. Está usado.

HADEWIJCH: Trouxe para a lavanderia porque está usado.

OTÁVIO: E sujo.

HADEWIJCH: Queria limpá-lo.

OTÁVIO: Vai se casar com esse vestido?

HADEWIJCH: Não sei.

OTÁVIO: Quando pensa em fazê-lo?

HADEWIJCH: Fazer o quê?

OTÁVIO: A senhora está noiva.

HADEWIJCH: Não.

Silêncio.

HADEWIJCH: Sinto muito.

HADEWIJCH: Sinto muito.

HADEWIJCH: Estava estendido em cima do sofá, e caiu café. E a terra de um vaso. Foi um acidente.

HADEWIJCH: Vou tomar mais cuidado.

HADEWIJCH: Sim, claro, o cheiro...

HADEWIJCH: É preciso congelar os restos.

HADEWIJCH: É preciso.

HADEWIJCH: Como o senhor conserta?

HADEWIJCH: Vestidos de outras mulheres?

HADEWIJCH: Eu vou voltar para buscá-lo.

HADEWIJCH: Um pouco.

HADEWIJCH: Não sei.

HADEWIJCH: Eu não tenho medo. [*tosse*]

HADEWIJCH: Não.

HADEWIJCH: Eu não tenho medo.

HADEWIJCH: Não sei.

HADEWIJCH: Não.

HADEWIJCH: Não.

HADEWIJCH: Eu jamais faria algo assim.

HADEWIJCH: Com certeza.

HADEWIJCH: Com certeza absoluta. [*tosse*]

HADEWIJCH: Não, não...

HADEWIJCH: Vai terminar logo?

HADEWIJCH: Não sei...

HADEWIJCH: Sim. Aconteceu alguma coisa comigo... Esse cachorro. O senhor o viu?

HADEWIJCH: Pense bem.

HADEWIJCH: Se perdeu.

HADEWIJCH: Se chama Rameau.

OTÁVIO: Deu muito trabalho limpá-lo.

OTÁVIO: Tinha umas manchas espantosas.

OTÁVIO: Não se desculpe. O vestido é seu, pode fazer o que bem entender.

OTÁVIO: Assim são as coisas. Um descuido. Um acidente. Leia os jornais. Depois, já não há remédio. A mãe estava dando o peito ao bebê, mas pegou no sono, adormeceu, dormiu em cima do bebê, sem se dar conta, por descuido, e asfixiou o bebê com o peso da sua barriga, com o peso da gordura de sua barriga. Quilos de gordura. Isso não é Incompatível. Os acidentes não são Incompatíveis, não é?

OTÁVIO: Alguém abandonou uma vara de porcos, centenas de porcos, e eles se comeram uns aos outros. Cem porcos comendo outros cem porcos. E o cheiro.

OTÁVIO: Não tem serviço de limpeza. Sabia?

OTÁVIO: Sim, é necessário.

OTÁVIO: Vou consertar. Sou obcecado pelo conserto. O conserto dos vestidos. Ninguém vai notar.

OTÁVIO: Utilizo tecido de outros vestidos.

OTÁVIO: Vestidos abandonados. Há mulheres que abandonam aqui seus vestidos. Como o homem que abandonou os porcos. Sei quando uma mulher abandona um vestido só de olhar para ela.

OTÁVIO: Diga a verdade, está com pressa?

OTÁVIO: Gostaria de se casar?

OTÁVIO: Tem medo de ficar sozinha.

OTÁVIO: Um homem, precisa de um homem.

OTÁVIO: Tome cuidado com os homens. Os homens abandonam as mulheres. Sempre. Inclusive os que juram que não as abandonarão nunca. Esses são os piores.

OTÁVIO: Quer ter filhos? Me refiro a tê-los com um homem. Me refiro a gerá-los, gerar, formar uma família.

OTÁVIO: Tome cuidado. Ninguém quer ter filhos. Tem gente que se arrepende depois de tê-los. A senhora leu o jornal?

OTÁVIO: Deveria ler. Sessenta e cinco por cento dos pais se arrependem de ter tido filhos um dia. Encontraram um recém-nascido em um saco de lixo. E outro no tambor de uma máquina de lavar. E outro na privada de um banheiro. Há recém-nascidos por todos os lados. Todos mortos. Sabe qual é a maior causa de morte de uma criança?

OTÁVIO: Os pais. Os pais causam a maior mortandade entre a população infantil. Abusos de todo tipo. Violações. Um pai sentou o próprio filho no lombo de um crocodilo. Já sabe, o que se faz às crianças não é totalmente Incompatível, não tem a ver estritamente com a Segurança.

OTÁVIO: Tem certeza?

OTÁVIO: Sério, tem certeza?

OTÁVIO: Então, vai ser melhor ter filhos. Tenha muitos filhos, pois alguns podem morrer. Pois algum

	deles pode odiá-la quando ficar velha. Mas lembre-se, tenha muitos. Nunca se sabe.
OTÁVIO:	Não está grávida?
OTÁVIO:	Só sabem sujar.
OTÁVIO:	Aconteceu alguma coisa ultimamente com a senhora?
OTÁVIO:	Pense bem, é importante. Os acidentes estão se multiplicando. Os acidentes sangrentos.
OTÁVIO:	Não.
OTÁVIO:	Não vi.
OTÁVIO:	Nunca vi.
OTÁVIO:	Perdem-se muitos cachorros. Li nos jornais. Utilizam-nos para transportar droga nos seus estômagos, fazem com que briguem uns com os outros até caírem mortos, cortam suas quatro patas para se divertirem, torturam-nos, envenenam-nos para vê-los cuspir sangue pela boca, apagam cigarros nas suas cabeças, tem gente que se delicia torturando cachorros. Torturar os animais não é Incompatível. Não tem a ver com a Segurança.
HADEWIJCH:	Posso deixar a foto do cachorro?
OTÁVIO:	Ele estava de coleira?
HADEWIJCH:	Não.
OTÁVIO:	Os cachorros não podem andar soltos.
HADEWIJCH:	[*tosse*]
OTÁVIO:	Por que está tossindo?

HADEWIJCH: Preciso descansar.

OTÁVIO: Seu peito está doendo?

HADEWIJCH: Não.

OTÁVIO: Vá ao médico.

HADEWIJCH: Não, não.

OTÁVIO: A senhora precisa de um médico.

HADEWIJCH: Não.

OTÁVIO: Os médicos existem para nos ajudar.

HADEWIJCH: Não gosto de médicos.

OTÁVIO: Tem razão. É preciso desconfiar das pessoas que estão aqui para nos ajudar.

HADEWIJCH: É preciso desconfiar das pessoas que estão aqui para nos ajudar.

O CACHORRO:
Com a licença de Combeferre.
Há um Contrato Social e um Contrato do Puto Ator.
Os direitos civis do Contrato Social
se encontram minguados pelas obrigações do Contrato
   do Puto Ator.
Primeiro: O Puto Ator pode dizer o que quer porque é
   desprezado.
Segundo: Entre o Puto Ator e seu amo jamais há
   transferência de poder
nem de classe social.
A liberdade para se dizer o que se pensa
é insignificante comparada com a liberdade
para comprar o que se deseja.
Terceiro: O objetivo principal do Puto Ator é o
   entretenimento.

Esta é uma das piores sequelas do trabalho do Puto Ator:
misturar a ética e a estética com o fodido
   entretenimento.
Quarto: Mas, sobretudo,
o Puto Ator pertence a uma estirpe formada por tolhidos,
retardados mentais,
anões,
seres disformes
e pobres-diabos,
obrigados a arrancar,
como se fosse uma crosta pestilenta,
a gargalhada estúpida de seus espectadores.
Arrasto cada uma das deformações
que fizeram rir os reis,
cardeais,
nobres,
burgueses
e demais otários.
Levo no meu inconsciente genético
todo o desprezo,
todos os insultos
e todas as humilhações
de que fui objeto durante séculos.
Suporto com a minha alma massacrada
a alma massacrada de gerações de escravos.
Rebelar-me contra o poder é uma exigência
porque me sinto escravo do poder,
porque levo sobre meus ombros de Puto Ator
o peso de milhões de vexames.
Somente ofendendo os que me contratam
e os que pagam para me ver,
me liberto da sensação de servidão.
Ofender me faz sentir menos escravo,
menos otário do que o público e do que o meu amo.
Dar-me conta de tudo o que ocorre ao meu redor,
dar-me conta, por exemplo,

de que um cachorro ganha mais do que um Puto Ator
já me faz sentir menos escravo.
Dar-me conta de toda a merda que há ao meu redor
já me faz sentir menos escravo.
Mencionar a palavra "servidão"
já me faz sentir menos escravo.
O verdadeiro espetáculo
está sempre na puta plateia de poltronas.
Amplio o meu cenário
ao mundo onde atua a sociedade inteira.
Theatrum mundi.
Theatrum mundi.
Cada plateia de poltronas
é uma reprodução da mesquinhez universal.
Desse modo, o espectador
se converte em Puto ator de seu Puto ator.
Agora mesmo vocês são meus putos atores.
E digo o que quero porque vocês me desprezam.
Mas quando vocês se levantarem da poltrona,
irados ou entediados,
eu não vou desprezá-los.
Vou desprezar a mim mesmo
por não ter sabido ser um bom escravo,
o melhor escravo,
por não ter sabido dar o cu devidamente,
uma vez mais.
É pior não comer do que ser escravo.
Por essa razão deixei que me contratassem.
E então direi:
"O importante é ir tranquilamente, livremente,
agradavelmente, copiosamente cada noite ao banheiro.
Oh, esterco precioso,
esse é o resultado da vida em qualquer de seus
    estamentos!",
escrito por Diderot, *O sobrinho de Rameau*, século XVIII.
Agora vamos trabalhar na cena do balanço.

A puta vai citar Rousseau.
Citar é representar.
O homem natural em face da civilização,
quer dizer, em face da puta,
quer dizer, em face de Rousseau.
O amor em face de Rousseau.
Uma professora é a civilização,
mas uma puta o é mais.
Combate entre Combeferre e Rousseau.
Amor e política.
Amor e política.
Sempre amor e política!
Godard, Godard, Godard!
O balanço, de Fragonard,
com música de meu tio Jean-Philippe Rameau,
"La Cupis", "La Cupis", mon amour,
e Kurt Cobain uivando,
"Vocês vão ficar melhor sem mim", "vocês vão ficar
    melhor sem mim", "vocês vão ficar melhor sem mim"!
"I love you, I love you", I love you!,
atrás da árvore principal.

A cena do balanço

GETSÊMANI: "O homem nasceu livre."

COMBEFERRE: Se você não me ama, obriga-me a ser dissidente da origem do homem, se não me ama...

GETSÊMANI: "Tendo nascido todo homem livre e dono de si mesmo, ninguém pode, sob qualquer pretexto, submetê-lo sem o seu consentimento. Nenhum homem tem autoridade natural sobre o seu semelhante."

COMBEFERRE: Sou uma centúria, um corpo de cem ginetes obrigados, obrigados, que argumentam razões cardíacas, deixa-me ser fraco e ter força.

GETSÊMANI: "A força não produz nenhum direito."

COMBEFERRE: Posso ser um escravo com direitos?

GETSÊMANI: "Estas palavras, escravidão e direito, são contraditórias: se excluem mutuamente."

COMBEFERRE: É possível que existam ao mesmo tempo, sem excluir-se mutuamente, meu amor e uma xícara de café, meu amor e as camisas limpas e brancas dos políticos, meu amor e a vontade geral?

GETSÊMANI: "Quem se recusar a obedecer à vontade geral será obrigado a fazê-lo por todo o corpo: isso quer dizer que será forçado a ser livre."

COMBEFERRE: Então, força-me a ser livre.

GETSÊMANI: "Será forçado a ser livre". "Será forçado a ser livre."

COMBEFERRE: Posso olhar debaixo do seu balanço?

GETSÊMANI: "Todo homem tem direito de arriscar a vida para conservá-la."

COMBEFERRE: Deve haver uma parte de mim que você possa amar. Se isolar uma parte do meu corpo, poderá amá-la, colocada num copo, já sabe, uma libra de carne do meu lado esquerdo, dentro de um copo.

GETSÊMANI: "O Contrato Social tem por finalidade a conservação dos contratantes."

COMBEFERRE: Do que eu precisaria para viver em uma cabana, em Vancouver, medindo a temperatura e estudando a evolução dos conceitos, acariciando sua cabeça, em uma das mãos seu cabelo e na outra sua digestão, em paz, gozando de uma vida simples e laboriosa, totalmente em paz?

GETSÊMANI: "Sua vida não é só um benefício da natureza, senão um dom condicional do Estado. É oportuno para o Estado que você morra, então você deve morrer."

COMBEFERRE: O que é uma guerra comparada com a possibilidade da sua rejeição?

GETSÊMANI: "Seriam necessários deuses para dar leis aos homens. Se houvesse um povoado de deuses, seria governado democraticamente. Um governo tão perfeito não convém aos homens."

COMBEFERRE: Se sou um deus, irei governá-la.

GETSÊMANI: "Toda ação livre tem duas causas que concorrem para produzi-la, uma física e uma moral."

COMBEFERRE: A eletricidade da sala de cirurgia é amor, os antibióticos são amor, as seringas e as bolsas de soro são amor, seus braços atarefados ao redor das bandagens... Há mais amor em teus braços assalariados do que no meu esperma fraco sem urtiga.

GETSÊMANI: "O poder que vem do amor dos povos é sem dúvida o maior".

COMBEFERRE: Sou o amor dos povos.

GETSÊMANI: "É mais fácil conquistar do que reger."

COMBEFERRE: Vigia seus ombros. Posso imaginá-los.

GETSÊMANI: "Os lugares ingratos onde o produto não vale o trabalho devem continuar incultos e desertos ou habitados somente por selvagens."

COMBEFERRE: Sou somente o corpo de um homem. Sou um selvagem.

GETSÊMANI: "O corpo político, assim como o corpo de um homem, começa a morrer desde seu nascimento e leva em si mesmo as causas de sua destruição."

COMBEFERRE: Faça de mim filho e não morrerei. Decida que eu nasça escravo.

GETSÊMANI: "Decidir que o filho de um escravo nasça escravo é decidir que não nasça homem."

COMBEFERRE: Não temo ser escravo de sua saia.

GETSÊMANI: "Importa-lhes mais o seu proveito do que sua liberdade e temem muito menos a escravidão do que a miséria."

COMBEFERRE: Se sou seu escravo, faz vento com meu cabresto.

GETSÊMANI: "Obrigar-se a obedecer a um amo é entregar-se em plena liberdade".

COMBEFERRE: Tremo tanto que permitirei que seu trato seja injusto. Totalmente injusto.

O CACHORRO:
  Com licença de Combeferre.
  Diante da imundície dos desejos humanos
  abala-se qualquer tipo de ordem social.
  Portanto, comer, beber, dormir e fornicar,
  fora isso, tudo é vaidade.
  Rebaixo a mim mesmo

para me dar prazer.
Autodegradar-se é ser excelente em algo.
No final das contas, sou um puto ator que faz papel de cachorro
porque um cachorro ganha mais do que um puto ator.
É preciso ter mais valor do que se pensa
para chamar a si mesmo pelo próprio nome.
Hölderlin, Nerval, Nietzsche, Van Gogh.
Artaud.
Meu trabalho é o alpinismo da dor.
Estou mais perto dos leprosos e dos criminosos
do que dos cozinheiros.
Quando alguém é capaz de chamar a si mesmo
pelo próprio nome
dá início à sua loucura.
Quando alguém se aprofunda em sua própria baixeza
chega a acumular a baixeza de toda a humanidade.
É como levar uma pedra em algum lugar do corpo.
E o louco é encarregado de levar essa pedra.
O louco e a pedra.
Todo um clássico.

Segunda parte – A consciência

Lavanderia

LAZAR: Você sabe algo sobre esta pedra?

OTÁVIO: Não.

LAZAR: Olhe bem para ela.

OTÁVIO: Não sei nada.

LAZAR: Alguém a deixou na porta da minha casa.

OTÁVIO: Você pensou nos motivos?

LAZAR: Que motivos?

OTÁVIO: Talvez você tenha feito algo Incompatível.

LAZAR: Por que você pensa que eu fiz algo Incompatível?

OTÁVIO: Te deixaram uma pedra.

LAZAR: Só por isso tenho que dar explicações?

OTÁVIO: Se alguém te ameaça com uma pedra...

LAZAR: Você acha que tem razão quem deixou a pedra? Quem ameaça?

OTÁVIO: Não sabemos como essa pedra foi parar na sua casa. É você que se comporta como se essa pedra fosse uma ameaça. É você que pede explicações.

COMBEFERRE:
Antes sabíamos quem era o inimigo.
De um só lado todas as forças,
todo o poder,
os direitos de todos,
o direito de castigar...
Havia um inimigo em comum...
Mas agora o inimigo pode ser qualquer um, não é verdade?

OTÁVIO: E se você mesmo a deixou?

LAZAR: Se eu mesmo a tivesse deixado a teria atado aos meus pés. E teria me atirado em um rio.

OTÁVIO: Tudo mudou. Você abandonou o trabalho. As coisas não são como antes. Você mesmo pode tê-la deixado.

LAZAR: Tenho uma caderneta em que registro tudo o que entra em contato com as minhas mãos.

OTÁVIO: Combeferre diz que nos salvaram de tudo, menos de nós mesmos.

LAZAR: Isso é uma frase feita. Combeferre fala com frases feitas. Não preciso ser salvo de mim mesmo. Porque condenei a mim mesmo. Só quero saber quem deixou essa pedra na minha casa e por que deixou essa pedra na minha casa.

OTÁVIO: O que fizemos para voltar a ter medo?

LAZAR: É preciso fazer algo de mau?

OTÁVIO: Às vezes me sinto culpado.

LAZAR: Você se deitou com a culpa.

OTÁVIO: Sou um assassino.

LAZAR: Quem você matou?

OTÁVIO: Não matei ninguém, mas sou um assassino.

LAZAR: Foi você quem deixou a pedra?

OTÁVIO: Eu não deixei a pedra.

LAZAR: Você se sente culpado por ter deixado a pedra?

OTÁVIO: Ele vai te explicar melhor.

LAZAR: Quem é, realmente?

OTÁVIO: Quem é realmente Combeferre?

LAZAR: Sim, quem é realmente Combeferre?

OTÁVIO: Ele vai te dizer por que sou um assassino. Pode falar um momento por mim, Combeferre?

COMBEFERRE:
Sou um assassino.
Que importam os feitos?
Ter ou não ter matado.
O que importa é a possibilidade do crime,
o desejo do crime,
o que importa é a alma do assassino,
o espírito,
quem é antes
e quem pode ser depois.
O importante é antecipar o crime.
Defender-se é antecipar.
Por isso te digo,
"sou um assassino".
Faz tempo que deixaram de julgar os feitos,
o que se julgam são os sentimentos.
Não julgam você por matar um homem,
julgam-no, antes,
por não querer bem a seu pai.
Se não quer bem a seu pai,
o castigo por desejar matar um homem
pode ser muito mais severo,
porque o importante são seus sentimentos.
O sentimento é uma das formas do crime,
de modo que qualquer pessoa normal
sente que pode ser julgada por seus sentimentos,
não por suas ações,
senão por seus sentimentos.
Pode ser julgada, ademais,
por um juiz que não é melhor do que o próprio criminoso,
um juiz que também se curva diante dos sentimentos,
um juiz com desejos.

OTÁVIO: Pensou nos motivos?

LAZAR: Quando puseram bombas nos aviões, nos trens, nos ônibus, antes da Segurança, também havia um motivo?

COMBEFERRE:
Nunca paramos para pensar
se havia ou não havia um motivo.
Nunca nos perguntamos por quê.
Era uma pergunta proibida.

LAZAR: Éramos as vítimas. Vivíamos ameaçados.

COMBEFERRE:
Éramos as vítimas.
Vivíamos ameaçados.
Mas eram eles os que morriam.
Mais de 150 por dia.
Inclusive alguns dias quatrocentos.
Quase cinco mil por mês.
Sessenta mil por ano.
Postos a serem contabilizados.
Ou cem mil.
Homens, mulheres e crianças.
Vítimas de violência de todo tipo.
E depois daquilo, muitos mais.
A cifra chegou a alcançar vários milhões.
Na guerra só nos resta a contabilidade.
Comparar as cifras.
Com frequência as cifras são a melhor expressão da maldade.
Nos dizem de que lado que o diabo está.

OTÁVIO: Nunca me senti completamente vítima.

LAZAR: Irão expulsá-lo, persegui-lo.

OTÁVIO: Me senti carrasco e vítima. Ao mesmo tempo. Carrasco e vítima. Quando puseram as bombas, carrasco e vítima. Não posso evitá-lo. Me sinto carrasco e vítima. Às vezes penso, por que não o fizeram antes? Por que não o fizeram antes? Por que não o fizeram antes?

Silêncio.

OTÁVIO: Quando você viu a pedra, pensou em tudo?

LAZAR: Passei uma das mãos pela nuca.

Silêncio.

OTÁVIO: Quem sabe como estoura o coração dos insetos que não sobrevivem à nossa infância.

LAZAR: Quem sabe?

Silêncio.

OTÁVIO: Pensou realmente em tudo?

LAZAR: Você me trata como se eu fosse culpado.

COMBEFERRE:
Culpado, não.
Suspeito.
Uma pessoa pode ser suspeita durante toda a sua vida.
Sem necessidade de ser culpada.
Você pode ser suspeito durante toda a sua vida.
E que o tratem como a um suspeito.
Leve em conta o seguinte:
Se você for suspeito,
já merece um pouco de castigo,
um pouco de castigo, simplesmente
por ser suspeito.

LAZAR: Vou deixar essa pedra na lavanderia! Vou deixar essa pedra na lavanderia! Onde está o vestido de Hadewijch?

OTÁVIO: Espera. Há algo escrito na pedra. Alguém escreveu... "Será a erva o mais indestrutível?"

Lavanderia

HADEWIJCH: Me roubaram! Levaram tudo! Me atacaram!

OTÁVIO: Tentaram estuprá-la?

OTÁVIO: Sim, estuprar.

OTÁVIO: Talvez?

OTÁVIO: Tocaram-na?

OTÁVIO: Onde a tocaram?

OTÁVIO: Acha?

OTÁVIO: Porcos!

OTÁVIO: A senhora tem sangue no seu pescoço.

OTÁVIO: Vamos à Polícia.

OTÁVIO: Tem medo da Polícia?

OTÁVIO: Estão deixando de vigiar.

OTÁVIO: É preciso ir à Polícia!

OTÁVIO: Não se compadeça das crianças. Tudo mudou. Algum dia irão matar suas mulheres, açoitar seus filhos, abusar de suas filhas, não serão bons.

OTÁVIO: A senhora se dedica ao ensino?

OTÁVIO: E a senhora as estuda?

OTÁVIO: Se estuda as crianças.

OTÁVIO: Já sei de onde a conheço.

HADEWIJCH: Se me estupraram?

HADEWIJCH: Não, acho que não.

HADEWIJCH: Não sei.

HADEWIJCH: Saí correndo.

HADEWIJCH: Acho que não me tocaram.

HADEWIJCH: Não. Não me tocaram.

HADEWIJCH: Já estou melhor.

HADEWIJCH: Onde? Onde?

HADEWIJCH: Não é preciso ir à Polícia.

HADEWIJCH: É só um arranhão.

HADEWIJCH: Já não há rastro de sangue.

HADEWIJCH: Eram só umas crianças.

HADEWIJCH: Eram meus alunos. Sei quem são.

HADEWIJCH: Sim.

HADEWIJCH: Não entendo.

HADEWIJCH: Perdão? [*tosse*]

OTÁVIO: A senhora é a professora que fugiu com aquele menino antes da Segurança. A que foi para um hotel com um menino, um aluno.

HADEWIJCH: Eu não fugi com nenhum aluno.

OTÁVIO: Sua sua foto saiu em todos os jornais. E a foto do hotel onde vocês foram descobertos.

	Quando a Polícia entrou, estavam juntos, a senhora e o menino, nus. A senhora teve que mudar de cidade.
HADEWIJCH:	Não sou a mulher do hotel. Só saiu uma coluna pequena. Nem sequer me expulsaram do colégio, mudei de cidade por vontade própria, o senhor não pode imaginar, quando a inteligência e a pele se misturam, se fundem, contemplar isso, isso, diante de você, dia após dia, e fingir tranquilidade, fingir que respira normalmente, o talento em cada ação, o talento em cada palavra, a precocidade, tinha 12 anos e já utilizava palavras como, por exemplo, "brumário", "tragédia", "catafalco", ou simplesmente dizia "a partida de hoje foi um milagre, o gramado se pôs a cantar", dizia assim, sem esforço, pus a mão no seu joelho, nada mais, uma das mãos no seu joelho, mas o senhor errou de pessoa... Eu não sou a mulher do hotel.
OTÁVIO:	Era mentira. O caso do hotel era mentira, uma piada, um jogo, eu inventei, ia confessar imediatamente... Tudo mentira. Nunca vi sua foto no jornal. A notícia era mentira.
HADEWIJCH:	Posso levar o vestido?
OTÁVIO:	Trabalhei a noite toda. Seria uma pena que sujasse de novo.
HADEWIJCH:	Disseram alguma coisa do cachorro?
OTÁVIO:	Um momento. Ainda não pode levá-lo. Caiu uma gota de sangue. A senhora voltou a sangrar. Não consentirei que leve o vestido se não estiver completamente limpo. Completa-

mente limpo. Não posso permitir que o leve. É meu trabalho. Não está completamente limpo. Limpo. Limpo. Completamente limpo.

HADEWIJCH: Não é preciso que ele esteja completamente limpo. Limpo, limpo. Completamente limpo.

OTÁVIO: Vou acompanhá-la até em casa.

HADEWIJCH: Vou sozinha.

OTÁVIO: Podem atacá-la de novo.

HADEWIJCH: Quem?

OTÁVIO: Vou fechar a lavanderia.

HADEWIJCH: Não pode fechar a lavanderia.

OTÁVIO: Acha que se eu fechar a lavanderia cometo um pecado contra a ética capitalista do trabalho?

HADEWIJCH: Que tipo de pecado é esse?

OTÁVIO: A preguiça. Combeferre diz que a preguiça é um pecado contra a ética capitalista do trabalho.

COMBEFERRE:
Por que vocês pensam que o poder os protege?
Por que pensam que investe dinheiro para proteger os seus corpos?
O poder protege os seus corpos
porque vocês são uma força produtiva.
E prolongam a duração de suas vidas
para que vocês continuem consumindo o que vocês produziram.
Não protegem vocês por nenhuma outra razão.
Não os livraram dos terroristas por nenhuma outra razão.

Não aniquilaram milhões de inocentes por nenhuma
  outra razão.
É uma relação mercantil.
A existência humana tem um valor industrial.
Buscam sua força, utilidade, docilidade...
Buscam isso em um corpo
que não é mais do que um assento de necessidades e
  desejos.
Vocês são homens econômicos.
Bonecos políticos.
Corpos dóceis.
Seu corpo é um simples objeto de intervenção política.
Segunda parte.
Para que o corpo seja produtivo deve estar submetido.
São necessários a vigilância e o controle.
Vocês são uma força produtiva graças à obediência.
Comem graças à obediência.
São felizes graças à obediência.
A obediência é o seu paraíso.
Cada um dos minutos que compõem sua vida produtiva
leva consigo suas obrigações e proibições.
Você, Otávio, é simplesmente emprego do tempo.
É, sobretudo, tempo útil.
Às vezes a arquitetura garante a obediência.
Como os cárceres.
Esta lavanderia garante a sua obediência.
A estrutura da cidade garante a sua obediência.
E ainda que sua força produtiva delimite sua liberdade,
você se sente livre graças à obrigação.
E não reclama ser algo mais do que mera existência
  humana.

HADEWIJCH: Por que tem uma pedra sobre o balcão?

OTÁVIO: A senhora a deixou na casa de alguém?

HADEWIJCH: Não.

OTÁVIO: Quero dizer, ameaçou alguém com ela?

HADEWIJCH: Não. [*tosse*]

OTÁVIO: Minha irmã podia desinfetar suas feridas.

HADEWIJCH: Estou bem.

OTÁVIO: Se lhe acontecesse algo de ruim eu me sentiria culpado.

HADEWIJCH: Culpado? Estou perfeitamente bem.

OTÁVIO: Eu nunca me perdoaria.

HADEWIJCH: Era mentira. Inventei tudo. Não estou correndo nenhum perigo. Eu mesma fiz as feridas, com as chaves, faço feridas com as chaves, com as chaves, com tudo, assim, assim, assim... Me firo com as chaves e finjo que me atacaram, é uma doença... O senhor não tem nenhuma doença? Tem muita gente com doenças desse tipo desde que começou a Segurança. Não é necessário, não é necessário que me acompanhe, está tudo tranquilo, é seguro lá fora, totalmente seguro, como sempre, a cidade está tranquila.

Lavanderia

OTÁVIO: Você fez tudo direito no hospital?

OTÁVIO: Trouxeram gente da estrada?

OTÁVIO: Como foi?

OTÁVIO: Estava consciente? Dizia algo?

GETSÊMANI: Conectei conta-gotas, tirei sangue, espirraram mijo em mim, espetei nádegas, braços, umbigos, limpei chagas, limpei chagas, limpei chagas, vômitos, troquei as fraldas dos velhos, vi um cara morrer... Fiz tudo bem.

GETSÊMANI: Um jogador de futebol perdeu as pernas.

GETSÊMANI: Choque frontal contra um caminhão de gado.

GETSÊMANI: Dizia: "Que atacante dói mais, que número, que camiseta, que cor?"

Silêncio.

OTÁVIO: Nunca vou me converter num homem.

GETSÊMANI: Você já é irmão. Você não precisa ser homem.

OTÁVIO: É ruim ser um homem?

GETSÊMANI: É o que há de pior.

OTÁVIO: Mas nunca vamos ter filhos.

GETSÊMANI: Nunca.

OTÁVIO: Ficaremos sozinhos.

GETSÊMANI: Não precisamos de ninguém.

OTÁVIO: Ninguém nos ama.

GETSÊMANI: Ninguém.

OTÁVIO: E quem vai cuidar da gente?

GETSÊMANI: Um ao outro.

OTÁVIO: E se não soubermos nos cuidar?

GETSÊMANI: Morreremos.

OTÁVIO: E nos encontrarão mortos.

GETSÊMANI: Ninguém vai nos encontrar.

OTÁVIO: Conosco se acaba tudo.

GETSÊMANI: Tudo.

OTÁVIO: Todos mortos.

GETSÊMANI: Todos mortos.

OTÁVIO: Nos vencerão.

GETSÊMANI: Assim deve ser.

OTÁVIO: Não me deixe nunca.

GETSÊMANI: Não.

OTÁVIO: Não morra antes de mim.

GETSÊMANI: Morreremos juntos.

OTÁVIO: Juntos!

GETSÊMANI: Sim, juntos.

OTÁVIO: E se você morrer antes? Que vou fazer com você? Não saberei o que fazer.

GETSÊMANI: Nós morreremos juntos.

OTÁVIO: Nós morreremos juntos...

GETSÊMANI: Cuidado, não vá me cortar.

OTÁVIO: Não sou desses!

GETSÊMANI: Cinco irmãos no hospital. Cinco. Todos com os mesmos sintomas.

OTÁVIO: Eu não faço as coisas de propósito! Eu não provoco os acidentes!

GETSÊMANI: Os cinco irmãos a ponto de morrer. Envenenados pela própria mãe. E dizem que foi um acidente!

OTÁVIO: Tem mais gente como nós?

OTÁVIO: De verdade? Iguais?

OTÁVIO: Com o mesmo nó no estômago?

OTÁVIO: Iguais.

OTÁVIO: Idênticos a nós?

OTÁVIO: E ainda mais assustados.

OTÁVIO: Não somos os únicos.

OTÁVIO: Promete.

OTÁVIO: Você conheceu alguém assim?

OTÁVIO: Todos os dias tem gente como a gente?

OTÁVIO: E gritam por dentro?

OTÁVIO: E você o que faz?

OTÁVIO: Tudo saiu bem.

OTÁVIO: Levante a mesa até o teto. E faça-a girar.

GETSÊMANI: Aos montes, iguais a nós.

GETSÊMANI: Sim.

GETSÊMANI: Assustados como nós.

GETSÊMANI: Gente que ninguém ama.

GETSÊMANI: Idênticos.

GETSÊMANI: Ainda mais.

GETSÊMANI: De jeito nenhum.

GETSÊMANI: Prometo.

GETSÊMANI: Todos os dias.

GETSÊMANI: Todos os dias alguém como nós vem me foder.

GETSÊMANI: Gritam sem parar.

GETSÊMANI: Amá-los. Humilhá-los com meu amor. A melhor maneira de humilhar os que não amam é amá-los com todas as forças. Quanto mais me desprezam mais os amo, mais os humilho com meu amor.

GETSÊMANI: Assim deve ser.

GETSÊMANI: O corpo, o corpo, o corpo...

COMBEFERRE:
 Um corpo não é estritamente a mesma coisa que um homem.
 Ser corpo e ser homem são duas coisas distintas.
 Quem resistiria a uma história dos corpos?
 Estão agoniados e só encontram alívio no corpo puro.
 Na penetração, na felação...
 As putas estão dispostas a morrer por todos os homens.
 Estão dispostas a amar todos aqueles que não amam.
 As putas são o grande Jesus Cristo.
 Em momentos de grande tensão espiritual vocês soltam seu legislador:
 Escute, senhor juiz, me apetece trepar, foder, uma boa chupada, cerveja e meter como se estivesse disparando.
 O corpo é o único que produz a verdade.
 O sexo é uma dessas coisas
 que o homem pratica

para mostrar a si mesmo
que segue sendo um homem,
quer dizer, um ser anatômico,
transferência violenta de sêmen,
de substâncias químicas relacionadas com o prazer.

OTÁVIO: Puta, puta, puta...

Escrito pela autora um dia antes de começarem os ensaios de *Cachorro morto*, 12 de agosto de 2007

No dia em que os homens e as mulheres proibirem a si mesmos de sofrer por amor,
nesse dia não quererei pertencer ao humano,
porque nesse dia se fuzilará mais,
se assinarão mais penas de morte,
morrerá mais gente de fome e de sede,
nesse dia já não poderemos fazer a revolução,
porque é preciso dizer "vou te amar sempre"
para fazer a revolução.
Mas no dia em que os homens e as mulheres proibirem a si mesmos de sofrer por amor,
nesse dia só se matará.
Porque os tépidos,
carregados de bocejos e de egoísmo,
só desejam salvar a si mesmos
e parirão crueldade e vento.
Te darão um tiro por ver filmes de Pasolini,
de Godard,
de Fassbinder,
de Bresson
de Antonioni,
de Bergman,
de Guédiguian,

de Cassavetes,
de Kieslowski,
de Won Karwai.
Te darão um tiro
e bocejarão enquanto você lhes fala de um sonho.
Bocejarão.
Quem dera foras frio ou quente,
mas porque és tépido,
e não és frio ou quente,
estou aqui para vomitar-te da minha boca,
diz o Apocalipse.
Fico com os que fizeram política falando de amor.
Quem tiver ouvidos, ouça.

Terceira parte – Elogio do concreto

COMBEFERRE: [*conta até cinquenta*] Isto é mais ou menos o tempo que se leva para contar cinquenta cadáveres. Se tivéssemos que contar 1 milhão de cadáveres, levaríamos 12 dias. Esta obra duraria 12 dias ininterruptos. Se fôssemos precisos, esta obra deveria durar 12 dias ininterruptos.

1

LAZAR: Combeferre, posso dizer uma coisa a Hadewijch?

Hadewijch, olha para as suas unhas. Você é pior do que uma puta. Olha para você um segundo. Você é o lixo do lixo. Só restos.

Um nada. Matéria, massa, objeto... E, ainda assim, você se atreveu a me dizer que não? Você acha que eu sou pouco? Sou pouco? Menos do que substância existente, menos do que carne? Me esforcei pouco na vida? Tenho o que mereço? Quem vai suportar seu suor, suas lamúrias, suas fleumas, suas rugas, sua gordura, seu fedor de sangue, seu cabelo sujo, quem? Só eu! Só eu! Só uma vítima! Vi o vestido, vi o vestido na lavanderia. Tenho a sensação de que nunca nasci. Sou ninguém. E você se atreve, se atreve inclusive contra ninguém, contra alguém que não nasceu nunca? Agora minha obrigação é ser culpado. Não suspeito, senão absolutamente culpado.

HADEWIJCH: Estão todos mortos.

2

OTÁVIO: Combeferre, como sabemos se é verdade?

HADEWIJCH: Estão todos mortos.

OTÁVIO: Pode ser que também se inventem os acidentes. Como saber se é uma prova de existência? Uma prova. Como? Como saber se não colocaram os corpos assim de propósito? Como saber se é real ou uma obra de arte, uma estratégia? Como saber que não é um espetáculo? Se existisse o verdadeiro sofrimento, existiria gente dedicada a aliviá-lo. Onde estão essas pessoas? Não as vejo na foto. Eu só vejo corpos carbonizados, nada mais, na foto, corpos carbonizados.

HADEWIJCH: Quero caminhar ao redor de meus ossos. Não estar mais colada ao meu ser. Sou uma falha do ser. O ser falha. Sou uma falha do ser. O palhaço quer arrancar-me a boca para fazer uma careta.

Utilizando minhas lâminas, minhas chaves... Assim, assim, assim... Um corpo indesejável com desejos. Onde já se viu? Um corpo indesejável com desejos. Meu asqueroso corpo com desejos. Ainda não morri, certo? Ainda não morri. Quase morta. Quase morta. Sou um vestido que arde sozinho. Sou um vestido que arde sozinho. Assim, assim, assim... As crianças, as crianças, meus alunos, as crianças, 12 anos, as crianças... Onde está aquela que pode curar? A que devora.

3

LAZAR: [a *Combeferre*] Onde está Getsêmani?

GETSÊMANI: Para ele não, Combeferre. Para ele não sou uma puta. Para ele não há redenção. Já gozou.

LAZAR: Me corresponde. Uma parte da sua compaixão me corresponde. Se me der a parte da sua compaixão que me corresponde, então meu corpo vai produzir a verdade, quer dizer, o solo, o céu, minha camisa, meu café, tudo será verdade. Tudo vai se tornar concreto no final. Ainda não nasci. Preciso de algo concreto. Preciso do seu corpo. Seu corpo é o concreto. De uma maneira ou de outra, trepando com você ou te batendo, seu corpo será minha redenção e meu nascimento. Você é uma puta, e está aqui para isso.

GETSÊMANI: Estou aqui para que você tenha um monstro com o qual você possa se comparar. Sou um monstro de amor para que você possa se comparar. Todos nós precisamos de um monstro para nos compararmos com ele, para averiguar se somos mais felizes ou mais infelizes do que ele. Para averiguar se somos melhores do que ele. Você já gozou, agora só pode averiguar. Você tem na mão a foto das cinquenta crianças carbonizadas. Certamente você se perguntou: que coisa podemos levar na mão para parecermos melhores do que somos? Você pensou que podia carregar consigo a foto das cinquenta crianças carbonizadas e ser melhor. Há sempre uma gota de sangue em nossas fotos. A crueldade é inerente à vontade de conhecer. O importante das imagens é que parecem, parecem absolutamente reais.

LAZAR: Cheguei ao fundo do poço. Não me importam as cinquenta crianças. Não presenciei o acidente. Não vi seus corpos carbonizados, não vi seus corpos mutilados, só vi fotos dos corpos carbonizados e mutilados, fotos. Não senti nada olhando essas fotos. Não sei se são verdade ou mentira, porque não nasci. Te aviso, se não quiser ser uma puta para mim, vou ter que te bater. Preciso. Preciso te bater. Escutar o barulho que faz um corpo contra outro corpo. Preciso de algo concreto. Algo concreto como o barulho. Preciso que os corpos produzam a verdade. Vou escutar o barulho concreto. Vou bater em um corpo concreto. Vou ser culpado. Vou bater em você.

GETSÊMANI: Morrer pelas mãos de outro. Esse é o nosso destino predileto.

4

OTÁVIO: Combeferre, onde está minha irmã?

LAZAR: O motorista do ônibus estava bêbado. Você sabia? É possível considerar, então, que foi um acidente? O motorista se embebedou para aumentar a probabilidade de que ocorresse um acidente? Queria matar as cinquenta crianças e por isso se embebedou? O mal está relacionado com as probabilidades? Existe algo que verdadeiramente ocorra à margem de nossa vontade, de nosso esforço?

OTÁVIO: A probabilidade é fundamental. O que seria de nossos desejos sem a probabilidade? Que seria de nossas vidas se o insignificante não marcasse nossos destinos? Precisamos de um campeão para saber que coisa insignificante marcou seu destino de campeão. Insignificância e probabilidade. Se não encontrarmos um verdadeiro campeão, não o conseguiremos nunca. De quem é este sangue?

LAZAR: É do corpo concreto de Getsêmani. É sangue concreto. Não uma foto. Sangue concreto.

OTÁVIO: Onde está minha irmã?

LAZAR: Cada dia de nossas vidas, cada um dos dias que transcorrem, é uma premonição deste momento. Antropofagia. Submergimos no elemento destrutivo. Antropofagia. Estamos desejando-o. Já nasci. Já nasci completamente. Nasci para que você possa me cortar em pedaços, como se fosse um cachorro.

5

HADEWIJCH: [*a Combeferre*] Alguém pode me devorar?

GETSÊMANI: Não consegui salvar nenhuma dessas crianças. Ontem doei todos os meus órgãos. Mas não tive coragem de me enforcar.

HADEWIJCH: Você pode me devorar?

GETSÊMANI: O que eu gostaria, de verdade, na vida era de ter feito autópsias. Conhecer os corpos a fundo. Às vezes acho que nós putas fodemos como se fizéssemos autópsias. Foder é igual a fazer autópsias.

HADEWIJCH: Quero ter um filho e que morra, para saber quem amo mais. Meu filho ou ele.

GETSÊMANI: Para aprender como vivem o homem e os animais, é indispensável ver morrer um grande número deles. Para saber de que homem você mais gosta ou de que animal você mais gosta, é indispensável ver morrer um grande número deles. No dia 1º de julho de 1916, mor-reram ou ficaram gravemente feridos sessenta mil soldados britânicos. Trinta mil na primeira meia hora de batalha. Depois de quatro meses e meio de batalha, ambos os lados tiveram uma baixa de 1,3 milhão de homens.

Farei com que toque essa dor com suas próprias mãos em um instante, farei com que reconheça todas as suas letras, porque farei você entrar como doente em um anfiteatro. Lá, vou fazer experimentos com o seu corpo para tornar qualquer coisa dele visível. Precisamos de extrema visibilidade. Seu fígado enfraquecido pelas pílulas, seus músculos debilitados pela anemia, suas córneas avermelhadas pela insônia, seu travesseiro cheio de cabelo arrancado. O cabelo que escurece o seu travesseiro é cabelo arrancado. Mas o cabelo que deixa a sua cabeça branca é consequência fisiológica do seu desespero.

HADEWIJCH: Se já não posso vê-lo entrar pelas manhãs, se já não posso ensiná-lo, se já não posso ouvi-lo dizer "a partida de hoje foi linda, ganhamos".

GETSÊMANI: Na Bósnia, ainda estão reconhecendo cadáveres. Os esqueletos estão estendidos no chão de um ginásio, com alguns restos de roupa, calçados. Os anéis, as pulseiras, as dentaduras, tudo isso foi roubado... A maioria dos familiares não aparece, tem vergonha, quer começar do zero, não quer ser relacionada com as vítimas... Não quer ser concreta. Deveria bater na porta de cada família de Sarajevo e deixar que me espancassem para que pudessem se lembrar do que significa o orifício de entrada e de saída de uma bala na base do crânio. Há milhares de cadáveres estendidos no chão de um ginásio, na Bósnia, há dezenas e dezenas de anos. Acho que não apanhei o suficiente. Os abutres e os cachorros farão o resto do trabalho. Distribuam meus ossos pelo pátio para que a foto pareça mais real.

6

O CACHORRO: [*a Combeferre*] Posso falar, falar por eles, Combeferre? Só um cachorro morto pode falar por eles, só um puto ator que faz papel de cachorro pode falar por eles. Então, Combeferre, você vem aqui e nos pede coisas, nos pede beleza, bondade, nos pede tudo isso como se nos pedisse balas, você quer balas. E eu lhe digo, peça-me algo concreto e lhe darei, peça-me, por exemplo, um cavalo em chamas. Era preciso um ônibus, um motorista bêbado, um caminhão de material inflamável e cinquenta crianças para que você encontrasse a verdade e se sentisse orgulhoso por ter encontrado a verdade? Quem é você? Depender das desgraças humanas para fabricar um pensamento. Você é uma fábrica de pensamentos? O pensamento nasce da catástrofe, é isso? O pensamento nasce da catástrofe... Você precisa da catástrofe para poder pensar, precisa do nosso fracasso e do nosso desespero para poder pensar. Você prefere o fracasso do humano, definitivamente prefere o fracasso do humano, você é um canibal do fracasso do humano. Se não existisse o fracasso do humano, você perderia seu trabalho. Não teria mais no que pensar. O fracasso do humano garante a continuidade do pensamento e do sofrimento geral. Precisávamos de cinquenta crianças carbonizadas? Precisávamos? Já basta, maldita seja, deixe-nos ser facas de passar manteiga no pão e ver passar as moscas. Escuta, escuta bem! Não nos importa ser estúpidos, não nos importa ser miseráveis, não nos importa ser insignificantes, no fundo somos sagrados e miseráveis, simplesmente por sermos homens, e não podemos nos encarregar da humanidade, simplesmente por sermos homens. Nós só queremos existir tristemente, tristemente. Nós só queremos presente puro. Existir já é uma vitória. Portanto, comer, beber, dormir e fornicar, fora isso, tudo é vaidade. Cinquenta cadáveres, cinquenta crianças queimadas vivas só para a sua satisfação! Só para nos ver atuar! Só para pensar! O horror. O horror satisfaz uma parte do pensamento, estou certo disso. O pensamento é complexo, a matança é simples, o pensamento é simples, a matança é complexa... Quanta desconexão entre o complexo e o simples, quanta desconexão entre o complexo e o simples, quanta desconexão, quanta distância... Em que ponto da distância estamos nós? Entre o complexo e o simples, em que ponto estamos nós? Em que ponto da distância estão os mortos? Entre o pensamento e a catástrofe, em que ponto estão os mortos? E, apesar de tudo, você tem razão, o pensamento sempre deve ter razão, alguém deve seguir pensando, pensando, pensando, pensando... até o dia em que os excluídos da História, aqueles de quem arrebatamos tudo, venham reclamar o que é seu e nos declarem guerra justa, guerra justa, pelos séculos dos séculos. Se você não se atrevia a dizer isso, eu o digo. Só um puto ator que faz papel de cachorro pode dizer isso.

Uma mulher muçulmana dá uma aula sobre a Europa

NASIMA: Hoje vamos estudar *O contrato social*, de Jean-Jacques Rousseau, o capítulo em que se fala do direito de vida e de morte. "A conservação do Estado é incompatível com a conservação do inimigo. É preciso que um dos dois pereça. E quando matamos o culpado, é menos como cidadão do que como inimigo."

NASIMA: E agora... digam-me... o que é a Europa?

** Na Europa é preciso que um mendigo toque *O lago dos cisnes* com as unhas sujas para poder acreditar n'*O lago dos cisnes*.

** Na Europa já não se faz bom pão.
A Europa é uma frase feita
e amassada com a baba
da satisfação e da paralisia.

As falas precedidas pelo signo ** podem ser atribuídas a qualquer personagem.

**A Europa não está numa boa fase
Os melhores estão mortos.
Os vivos não sabem fazê-lo.
Não existe a melhor nem a pior qualificação
há décadas.

NASIMA: Como era a Europa na sua fase boa?

** Conhece o Cosmos de Nova York? Foi uma equipe mítica, cheia de estrelas europeias, que fracassou. No dia 1º de outubro de 1977, Pelé jogou a última partida de sua carreira. O Cosmos de Nova York enfrentou o Santos do Brasil. Pelé jogou em ambos os lados. Durante o primeiro tempo, usou a camisa do Cosmos, e no segundo tempo, jogou com a da equipe brasileira. Foi uma boa despedida.

** Na Europa não há planejamento de fracasso
para ser diferente do resto.
Não há planejamento de fracasso
para recuperar o poder.

** Na Europa se compram e se vendem as emoções e os desejos.
A Europa massacrou o pão e o amor.
Na Europa ninguém oferece nada
sem esperar uma recompensa em troca.

NASIMA: E quais são os autênticos desejos?

** Eu quero ser Klaus Kinski para dizer "Sou Aguirre, a cólera de Deus", quero ser o melhor ator da Europa para humilhar os atores medíocres da Europa, para fazer o melhor filme da Europa e o pior filme da Europa. Quero ser Klaus Kinski para poder escrever: "Amam-me porque eu, como nenhum outro,

	exponho diante deles meus sentimentos, sem pudor, e, dessa maneira, libero os seus. Os poucos que não me amam me odeiam precisamente por causa desses sentimentos liberados, que os cegam."
**	Na Europa arrebataram nossos lugares. A Europa já não é lugar. Queremos ser o excremento da Europa, não a norma da Europa.
NASIMA:	E como seremos o excremento da Europa?
**	"Batamos nas portas das estâncias mais escuras do inferno. Cruzamos o limite e esperamos. Agora vemos a nós mesmos como nunca nos havíamos visto. Um retrato de tormento e degeneração. A tristeza que sentimos não pode nos abandonar nunca." É uma canção de Ian Curtis, que se suicidou aos 23 anos, justo antes de começar uma turnê pela América. Nos suicidaremos aos 23 anos para sermos o excremento da Europa.
**	Por isso temos que sair matando nas ruas da Europa, temos que matar para ser inocentes. Temos que matar as pessoas da Europa para não dispararmos contra os africanos desarmados e famintos que cruzam as cercas de arame farpado construídas na Europa.
**	Precisamos de um projeto amoral para sermos verdadeiros moralistas. Por isso temos que sair quanto antes às ruas da Europa para matar as pessoas da Europa. Temos que ir às praias da Europa,

aos colégios da Europa,
às igrejas da Europa,
aos centros comerciais da Europa,
e matar com nossas espingardas de chumbo
para sermos inocentes,
verdadeiramente inocentes,
para não sermos como eles,
para não matarmos os iraquianos, os afegãos, os palestinos,
para não sermos a Europa.

** Conosco se acaba a Europa.
Mas se fizermos bem-feito,
conosco começa a Europa.

** Nasima, você é um lugar-comum?

NASIMA: Sim, é mais fácil pensar que sou um lugar-comum, é mais fácil pensar que o inimigo é um lugar-comum, é mais fácil pensar que as vítimas são um lugar-comum. Graças ao fato de que sou um lugar-comum, vocês não o são. É mais fácil ver corpos ensanguentados de muçulmanos do que corpos ensanguentados de europeus ou norte-americanos. Por isso sou um lugar-comum. São necessários muitos cadáveres, são necessários cinco anos de violência ininterrupta para se converter em lugar-comum. A partir do milhão de mortos você se converte definitivamente em um lugar-comum, em obviedade, em estereótipo, em panfleto, em clichê. A obviedade mata homens. Graças ao milhão de mortos, já consegui ser um lugar-comum, e a Europa pode morrer de tédio.

** Como é possível que a vida possa continuar normalmente?

NASIMA: A vida pode continuar normalmente graças ao exotismo. Graças ao exotismo vocês nos colonizaram. Graças ao exotismo nos escravizaram. Graças ao exotismo nos aniquilam. Graças ao exotismo nos deportam quando somos muito pobres. Ou nos encarceram em lugares chamados "centros de treinamento". O primeiro crime que se perpetua contra nós é a pobreza. A economia é uma das formas do crime. A economia é uma das formas do racismo.

** Que podemos fazer?

NASIMA: Façam uma foto do meu aniversário. Simplesmente uma foto de aniversário. Uma foto de aniversário para Nasima para que saibam que existi. Porque quando meu corpo aparecer mutilado nos jornais ninguém vai saber quem sou. Serei um lugar-comum.. Um cadáver exótico. Mais um corpo. Só mais um corpo.

COMBEFERRE: Depois de tudo, um conto moral...

Final

Lavanderia

GETSÊMANI:
Que me tragam o esperma
Alguém tem que trazê-lo
Em uma seringa
O esperma dos meus amantes
Para que eu possa injetar
Preciso saber que faz parte do meu corpo
Que eles se misturem com o meu sangue

Os queridíssimos em uma seringa
Quero ter algo mais do que uma recordação
Algo mais do que um sonho
Quero ter um itinerário no meu sangue
O itinerário do esperma e a fé no esperma
Eu sem isso não posso viver
Preciso saber que há algo deles
Dentro de mim
Uma só partícula
Algo que circula dentro de mim
Dia e noite
Dia e noite
Dia e noite
Isso é o que eu quero
Esperma no meu corpo de joelhos
Mas não o trazem
Não
Não

5 4 3 2 1

OTÁVIO: Eu deveria ter ficado com você. Não ter me deslocado.

GETSÊMANI: Mataram a família do motorista do ônibus. Saíram às ruas com paus, com facas, mataram todos, seus filhos, sua mulher, seu cachorro... Degolaram-nos em plena rua.

OTÁVIO: Que tipo de dia é hoje?

GETSÊMANI: Hoje é um dia trivial. O mais difícil é sobreviver a um dia trivial.

OTÁVIO: Quando nascemos éramos iguais a agora?

GETSÊMANI: Nós não nascemos. Sempre tivemos a mesma estatura. Como os monstros. Como se nos tivessem feito com pedaços de mortos.

OTÁVIO: Não crescemos.

GETSÊMANI: Não.

OTÁVIO: Cheira a gás.

GETSÊMANI: Dorme.

OTÁVIO: Vou abrir a janela.

GETSÊMANI: Esqueça o instinto de preservação. Pense n'*O contrato*. Para considerar que a vida é absurda é preciso pensar n'*O contrato*.

OTÁVIO: Não vamos nos salvar?

GETSÊMANI: Olha para a sua jaqueta. Está cheia de sangue. Como vamos nos salvar? A lavanderia está cheia de sangue.

OTÁVIO: Tudo...

GETSÊMANI: Tudo...

OTÁVIO: Então não há tempo.

GETSÊMANI: Até quando você está a ponto de morrer tem tempo de sobra.

OTÁVIO: Vamos fazer uma coisa. Deixe o gás aberto e a janela entreaberta. Vamos ver o que acontece amanhã.

GETSÊMANI: Se despertarmos, teremos que ser mais fortes. Muito mais fortes. E já nunca sairemos.

OTÁVIO: O que fizemos de mal?

5 4 3 2 1

GETSÊMANI: Exterminamos, sim, exterminamos.

OTÁVIO: Você era uma criança.

GETSÊMANI: Exterminamos.

OTÁVIO: Você não teve tempo de exterminar.

GETSÊMANI: Fizemos tudo errado.

OTÁVIO: Fizemos.

GETSÊMANI: Exterminar.

OTÁVIO: Por fim o dissemos.

GETSÊMANI: Sim, dissemos: exterminar.

OTÁVIO: Temos direito de seguir existindo?

GETSÊMANI: Não sei.

5 4 3 2 1

OTÁVIO: Não podemos congelar mais restos.

GETSÊMANI: Não cabem mais.

OTÁVIO: A pedra está manchada de sangue.

GETSÊMANI: Será a erva o mais indestrutível? Eu li isso.

OTÁVIO: Uma vez ouvi falar que de um homem sem medo podem abrir o estômago sem anestesia. Diziam que o medo, e só o medo, era a causa da dor.

GETSÊMANI: Era verdade. Antes.

OTÁVIO: De um homem sem medo podiam abrir o estômago sem anestesia.

GETSÊMANI: E esses pássaros nos pés?

OTÁVIO: Quê?

GETSÊMANI: Temos pássaros, corvos...

OTÁVIO: Sim, sim.

GETSÊMANI: Nos pés...

OTÁVIO: Temos corvos...

5 4 3 2 1

GETSÊMANI:
Me sinto tão estranha que os tigres do tapete vão começar a morder meus tornozelos a qualquer momento.
Me sinto tão incômoda como se meu cabelo fosse de outra pessoa.
Simplesmente tenho vontade de morrer.
No final das contas, por melhor que as coisas vão, tudo piora.
Não é preciso ter quebrado os ossos do corpo.
Se nos meus momentos de máxima aflição alguém me tivesse dado um pedaço de fio.
Algo muito simples, para acalmar minha mente.

OTÁVIO:
Você acha que deveria morrer o adolescente que há entre você e eu?
Dezessete anos entre você e eu, meu amor.
Se tivéssemos um filho, poríamos nele um nome russo?
Poríamos nele um nome de um adolescente russo morto num acidente de trânsito?
Que número nosso filho levaria nas costas?
Você acha que esse é um conto moral?
Você acha que o Cachorro tem razão?

GETSÊMANI: Que decida o ar.

DIZ ANGÉLICA:
 Dedicado ao Liverpool.
 Da parte de sua Anfield.
 You'll never walk alone.
 You'll never walk alone.
 You'll never walk alone.
 Você é Liverpool.
 Eu sou Anfield.
 Da minha dor
 e de meu mortal incesto,
 ainda que você não mereça,
 Anfield continuaria cantando,
 This is Anfield.
 This is the End.

Assinatura

Tem algum filho da puta que quer me matar?
 ANGÉLICA LIDDELL

Final de *Cachorro morto*, de Angélica Liddell, maio de 2007.
E depois de *Cachorro morto*, o quê? E ela disse em
um restaurante chinês: "Não sei viver". O
apocalipse não é capaz de impedir a
guerra. Dói todo o meu corpo,
meu corpo é minha guerra.
Dor. Dor. Dor.
This is Anfield.
This is the
end.

Nota final

É preciso tomar a Bastilha mais uma vez, a ira precisa de teatros nacionais abarrotados. E ninguém que me contrate ou premie poderá exigir gratidão nem amizade nem amor pelo simples feito de ter me contratado ou premiado, porque o amor é o meu domínio. E posto que o insulto é o prelúdio do belo, citarei Dostoiévski: "Vou me fazer de bufão, não tenho medo do que vocês pensam, porque todos, absolutamente todos, são mais canalhas do que eu. Por isso sou um bufão, sou um bufão por vergonha, por vergonha". Que seria de nós sem os poderosos, esses centauros metade homem metade porco, sem eles ficaríamos sem ofensas, e ofender-se é resplandecente, ofender-se é o primeiro passo até o pensamento, até a sublevação, para que matar os ratos, assim os jantares não ficam tão entediantes, os ratos são necessários para nosso furor e nossa desobediência.

Angélica Liddell

Por que publicar dramaturgia

Os textos de teatro são escritos de diversas maneiras: durante ensaios, como adaptações de romances, a partir de discussões com encenadores e artistas, solitariamente, vindos de ideias avulsas ou de enredos históricos, além de tantas outras maneiras existentes e por serem inventadas. Pensar o texto dramático como um modo de escrita para além do papel, que tem a vocação de ser dito e atuado, não elimina seu estágio primeiro de literatura. O desejo de pensar sobre as diferenças e confluências entre o texto dramático e o texto essencialmente literário nos levou a elaborar este projeto de publicações: a *Coleção Dramaturgia*. Queríamos propor a reflexão sobre o que faz um texto provocar o impulso da cena ou o que faz um texto prescindir de encenação. E mesmo pensar se essas questões são inerentes ao texto ou a leitura de encenadores e artistas.

O livro é também um modo de levar a peça a outros territórios, a lugares onde ela não foi encenada. Escolas, universidades, grupos de teatro, leitores distraídos, amantes do teatro. Com o livro nas mãos, outras encenações podem ser elaboradas, e outros universos construídos. Os mesmos textos podem ser lidos de outros modos, em outros contextos, em silêncio ou em diálogo. São essas e tantas outras questões que nos instigam a ler os textos dramáticos e a circulá-los em livros.

Publicar a Coleção Dramaturgia Espanhola, que chega às prateleiras após o generoso convite de Márcia Dias à Editora Cobogó, e com o importantíssimo apoio da AC/E (Acción Cultural Española), foi para nós uma oportunidade de discutir outras linguagens no teatro, outros modos de pensar a dramaturgia, outras vozes, e, ainda, expandir nosso diálogo e a construção de uma cultura de *ler teatro*. Ao ampliar nosso catálogo de textos dramáticos com as peças espanholas — ao final deste ano teremos 30 títulos de teatro publicados! —, potencializamos um rico intercâmbio cultural entre as dramaturgias brasileira e espanhola, trazendo aos leitores do Brasil uma visada nova e vibrante, produzida no teatro espanhol.

Isabel Diegues
Editora Cobogó

Dramaturgia espanhola no Brasil

Em 2013, em Madri, por intermédio de Elvira Marco, Elena Díaz e Jorge Sobredo, representantes da Acción Cultural Española - AC/E, conheci o Programa de Intercâmbio Cultural Brasil-Espanha. O principal objetivo do programa seria divulgar a dramaturgia contemporânea espanhola, incentivar a realização das montagens dessas obras por artistas brasileiros, estimular a troca de maneiras de fazer teatro em ambos os lados do Atlântico, promover a integração e fortalecer os laços de intercâmbio cultural entre Brasil e Espanha.

O programa havia, então, selecionado dez obras, através de um comitê de personalidades representativas das artes cênicas espanholas. A ideia inicial seria contratar uma universidade para a tradução dos textos, buscar uma editora brasileira que se interessasse em participar do projeto no formato e-book, programar entrevistas com os autores e promover a difusão dos textos através de leituras dramatizadas com diretores de grupos e companhias brasileiras.

Ao conhecer o programa, comecei a pensar sobre como despertar o interesse de uma editora e de artistas brasileiros para participar dele. O que seria atraente para uma editora, e consequentemente para o leitor, na tradução de um texto da atual dramaturgia espanhola? Como aproximar artistas brasileiros para a leitura de obras espanholas? Como verticalizar a experiência e fazer, de fato, um intercâmbio entre artistas brasileiros e espanhóis? Estimulada por essas e outras questões e percebendo o potencial de articulação, cruzamentos e promoção de encontros que um projeto como esse poderia proporcionar, encampei o programa expandindo suas possibilidades. A ideia, agora, seria aproximar artistas dos dois países em torno de um projeto artístico mais amplo potencializado pelo suporte de festivais internacionais realizados no Brasil que se alinhassem aos objetivos do TEMPO_FESTIVAL, dirigido por mim, Bia Junqueira e César Augusto, principalmente no que se refere ao incentivo à criação e suas diferentes formas de difusão e realização.

A partir de então, convidei quatro festivais integrantes do Núcleo dos Festivais Internacionais de Artes Cênicas do Brasil — Cena Contemporânea – Festival Internacional de Teatro de Brasília; Porto Alegre em Cena – Festival Internacional de Artes Cênicas; Festival Internacional de Artes Cênicas da Bahia – FIAC; e Janeiro de Grandes Espetáculos - Festival Internacional de Artes Cênicas de Pernambuco — para participar do projeto e, juntos, selecionarmos dez artistas de diferentes cidades do Brasil para a tradução e direção das leituras dramáticas dos textos.

Assim, para intensificar a participação e aprofundar o intercâmbio cultural, reafirmando uma das importantes funções dos festivais, decidimos que seriam feitas duas leituras dramáticas a cada festival, com diferentes grupos e companhias de teatro locais, em um formato de residência artística com duração aproximada de cinco dias. Com essa dinâmica, os encontros nos festivais entre o autor, o artista-tradutor e os artistas locais seriam adensados, potencializados. A proposta foi prontamente aceita pela AC/E, uma vez que atenderia amplamente aos objetivos do Programa de Intercâmbio Cultural Brasil-Espanha.

Desde então, venho trabalhando na coordenação do Projeto de Internacionalização da Dramaturgia Espanhola. A primeira etapa foi buscar uma editora brasileira que tivesse o perfil para publicar os livros. Não foi surpresa confirmar o interesse de Isabel Diegues, da Editora Cobogó, que, dentre sua linha de publicações, valoriza a dramaturgia através de livros de textos de teatro, com sua Coleção Dramaturgia.

A segunda etapa foi pensar as leituras das obras espanholas junto aos diretores dos festivais parceiros representados por Paula de Renor, Guilherme Reis, Felipe de Assis e Luciano Alabarse e definir os artistas que poderiam traduzir os textos. Com isso, convidamos Aderbal Freire-Filho, Beatriz Sayad, Cibele Forjaz, Fernando Yamamoto, Gilberto Gawronski, Hugo Rodas, Luís Artur Nunes, Marcio Meirelles, Pedro Brício e Roberto Alvim, que toparam a aventura!

Finalmente, partimos para a edição e produção dos livros, e convidamos os grupos e companhias locais para a realização das residências artísticas e leituras dramáticas, que culminariam no lançamento das publicações em cada um dos festivais parceiros, cumprindo um calendário de julho de 2015 a janeiro de 2016.

Enquanto ainda finalizamos os últimos detalhes das publicações, compartilhando o entusiasmo de diretores, tradutores e tantos outros parceiros da empreitada, imagino quais desdobramentos serão possíveis a partir de janeiro de 2016, quando os livros já estiverem publicados e tivermos experimentado as leituras e conversas sobre dramaturgia. Quem sabe a AC/E não amplie o programa? Quem sabe não estaremos começando a produção de um desses espetáculos no Brasil? Quem sabe essa(s) obra(s) não circule(m) entre outros festivais internacionais do Brasil? Quem sabe não estaremos levando para a Espanha traduções de palavras e de cenas de alguns dos espetáculos, com direção e atuação de artistas brasileiros? Enfim, dos encontros, sem dúvida, muitas ideias irão brotar... Vou adorar dar continuidade ao(s) projeto(s). Fica aqui o registro!

Márcia Dias
Curadora e diretora do TEMPO_FESTIVAL

CIP-BRASIL. CATALOGAÇÃO-NA-FONTE
SINDICATO NACIONAL DOS EDITORES DE LIVROS, RJ

      Liddell, Angélica
L68c   Cachorro morto em lavanderia : os fortes / Angélica Liddell
; tradução Beatriz Sayad.- 1. ed.- Rio de Janeiro : Cobogó, 2015.
                                              104 p. : il. ; 19 cm.
      Tradução de: Perro muerto en tintorería: los fuertes
      ISBN 978-85-60965-82-3
      1. Teatro espanhol (Literatura). I. Sayad, Beatriz. II. Título.

15-24831   CDD: 862
                                                                     CDU: 821.134.2-2

Nesta edição, foi respeitado o Acordo Ortográfico da Língua Portuguesa
de 1990, que entrou em vigor no Brasil em 2009.

Todos os direitos em língua portuguesa reservados à
Editora de Livros Cobogó Ltda.
Rua Jardim Botânico, 635/406
Rio de Janeiro–RJ–22470-050
www.cobogo.com.br

© Editora de Livros Cobogó
© AC/E (Sociedad Estatal de Acción Cultural S.A.)

Texto
Angélica Liddell

Tradução
Beatriz Sayad

Idealização do projeto
Acción Cultural Española – AC/E e TEMPO_FESTIVAL

Coordenação geral Brasil
Márcia Dias

Coordenação geral Espanha
Elena Díaz, Jorge Sobredo e Juan Lozano

Editores
Isabel Diegues
Julia Martins Barbosa

Coordenação de produção
Melina Bial

Revisão de tradução
João Sette Camara

Revisão
Eduardo Carneiro

Capa
Radiográfico

Projeto gráfico e diagramação
Mari Taboada

Outros títulos desta coleção:

A PAZ PERPÉTUA, de Juan Mayorga
Tradução Aderbal Freire-Filho

APRÈS MOI, LE DÉLUGE (DEPOIS DE MIM, O DILÚVIO),
de Lluïsa Cunillé
Tradução Marcio Meirelles

ATRA BÍLIS, de Laila Ripoll
Tradução Hugo Rodas

CLIFF (PRECIPÍCIO), de José Alberto Conejero
Tradução Fernando Yamamoto

DENTRO DA TERRA, de Paco Bezerra
Tradução Roberto Alvim

MÜNCHAUSEN, de Lucía Vilanova
Tradução Pedro Brício

NN12, de Gracia Morales
Tradução Gilberto Gawronski

O PRINCÍPIO DE ARQUIMEDES, de Josep Maria Miró i Coromina
Tradução Luís Artur Nunes

OS CORPOS PERDIDOS, de José Manuel Mora
Tradução Cibele Forjaz

COLEÇÃO
DRAMA-
TURGIA
ESPANHOLA

2015
———————
1ª impressão

Este livro foi composto em Univers.
Impresso pela gráfica Stamppa
sobre papel Pólen Bold 70g/m².